Mit Goethe durch das Jahr 2021

Goethes Reisen durch Europa

Herausgegeben und mit
einem Essay von Jochen Klauß

Dudenverlag
Berlin

Umschlagmotive:
Goethe-Schiller-Denkmal in Weimar (Ausschnitt) von Ernst Rietschel,
1857 eingeweiht
Landkarte Europas mit politischer Gliederung von Jean-Claude
Dezauche, Guillaume Delisle und Philippe Buache, Kupferstich,
Paris 1789; Warschau, Muzeum Pałacu Króla Jana III w Wilanowie

Bibliografische Information der Deutschen Nationalbibliothek:
Die Deutsche Nationalbibliothek verzeichnet diese Publikation in der
Deutschen Nationalbibliografie; detaillierte bibliografische Daten
sind im Internet über http://dnb.dnb.de abrufbar.

© Duden 2020
Bibliographisches Institut GmbH,
Mecklenburgische Straße 53, 14197 Berlin
Alle Rechte vorbehalten.
Nachdruck, auch auszugsweise, nicht gestattet.

Gestaltung: nxt.digital, Düsseldorf
Umschlaggestaltung: Sauerhöfer Design, Neustadt/Weinstraße
Druck: Pustet Grafischer Großbetrieb, Gutenbergstraße 8,
93051 Regensburg
ISBN 978-3-411-16060-0 kartoniert
ISBN 978-3-411-16061-7 Kassette
www.duden.de

GOETHES REISEN DURCH EUROPA

Europa von 1789 bis 1815 – von der Französischen Revolution bis zum Wiener Kongress

In den Jahren von der Französischen Revolution bis zum Wiener Kongress kam es zu einem gewaltigen Epochenumbruch – er betraf fast alle Staaten des alten Kontinents und hatte auch für die Bewohner zum Teil gravierende Konsequenzen für das eigene Leben. In diesen Jahrzehnten wandelten sich unter heftigsten Geburtswehen Monarchien zu Republiken und Feudalstaaten zu Nationalstaaten. Ein fast dreißigjähriger Krieg, der sich als Geburtshelfer dieses Umbruchs herausstellte und mit dem Namen Napoleon untrennbar verbunden ist, erschütterte den Kontinent bis in die letzten Winkel. Genau genommen war sogar bis dahin von einem vereinten Europa zu sprechen: Das Weltreich der Habsburger erstreckte sich von Spanien im Westen bis zu den habsburgischen Stammlanden im Osten. Der Kaiser verstand sich als Nachfolger der antiken römischen Herrscher. Das Königreich Frankreich allerdings lag in Dauerfehde mit den Habsburgern. Deutschland und Italien waren zersplittert und Spielbälle der großen Staaten. Der Dualismus zwischen dem verfallenden Habsburgerreich und dem vitalen, aufsteigenden Brandenburg-Preußen bestimmte zunehmend die europäische Politik.

Von einem politisch-geografisch geeinten Europa war deshalb noch nicht zu sprechen. Dieses Gebilde verbarg sich noch im Dunkel der Geschichte, sollte aber bald mit vernichtender Gewalt hervorbrechen

GOETHES REISEN DURCH EUROPA

Sturm auf die Bastille, Kupferstich von William Nutter, 1789

und neue oder alte Grenzen blutig markieren. Der Funke, der das Pulverfass zur Explosion brachte, entzündete sich im Königreich Frankreich. Hier, in einem mittlerweile maroden Staatsgebilde, löste der Sturm auf die Bastille, die alte symbolische Zwingburg der Monarchie, einen Flächenbrand aus, der sich nicht mehr löschen ließ, sondern im Gegenteil ständig neue Glutherde entfachte. Frankreich selbst, aber auch das vielfach zersplitterte Deutschland, die Niederlande, Italien, die Schweiz und nicht zuletzt Österreich waren betroffen, schließlich auch Polen und Russland. Erst mit dem Wiener Kongress 1815, nach dem endgültigen Sturz Napoleons, kam dieser Prozess zur Ruhe. Goethe war Zeitgenosse, zum Teil

GOETHES REISEN VON 1775 BIS 1823

Napoleon, Lithografie von W. Ulrich nach einer Vorlage von Horate Vernet, o. J.

auch Augenzeuge dieses historischen Vorgangs. Seine Reisen und sonstigen Lebenserfahrungen waren in diese historischen Geschehnisse eingebettet.

Goethes Reisen von 1775 bis 1823 – Bildung, Forschung, Kuraufenthalte

Goethe ist in seinem langen Leben oft gereist, meist gern, immer mit festen Zielen, niemals untätig, stets Gewinn erhoffend und Gewinn einbringend. Der im Tagebuch am 13. Januar 1779 niedergeschriebene Sinnspruch »Elender ist nichts als der behagliche Mensch ohne Arbeit ...« gilt für den Sturm-und-Drang-Menschen und Reisenden Goethe in vollem Umfang. Untätigkeit und Wohlbehagen suchte er auf seinen Reisen nie, sehr wohl aber immer und überall Erkenntniszuwachs auf allen Wissensgebieten von Kunst und Philosophie bis zur Naturwissenschaft. Der Siebzigjährige – gereift nicht zuletzt durch seine zahlreichen Reisen – wusste den erlangten Persönlichkeitsgewinn genau zu benennen: »Das Bekannte wird neu durch unerwartete Bezüge und erregt, mit neuen Gegenständen verknüpft, Aufmerksamkeit, Nachdenken und Urteil.« Bereits im Jahre 1797 hatte er in einem Brief an Schiller die treffende Selbstcharakteristik niedergeschrieben: »Für Naturen wie die meine, die sich gerne festsetzen und die Dinge festhalten, ist eine Reise unschätzbar, sie belebt, berichtigt, belehrt und bildet.«

Goethes Reisen waren Genie-, Bildungs-, Entdeckungs- und Forschungsreisen, waren dienstlich bedingt oder Kuraufenthalte – genaue Abgrenzungen sind beim Naturell dieses Reisenden weder möglich noch nötig. Er weilte dreimal in der Schweiz, zweimal in Italien, 16-mal in Böhmen, darunter in Bädern wie Karlsbad und Marienbad, Pyrmont, Wiesbaden und Tennstedt, und berührte – unter teilweise dramatischen Umständen – erst polnischen, schließlich französischen Boden. In Thüringen waren Jena, Ilmenau, Erfurt, Gotha, Eisenach und Rudolstadt häufige Zielorte. Er reiste zu Fuß, mit Pferd oder Maulesel, benutzte Sänften, Kutschen und Schiffe. Er reiste allein – wie während der Fahrt von Karlsbad nach Rom 1776 – oder in Begleitung von Diener, Kutscher oder Schreiber, so während der zweiten Italienfahrt mit Paul Götze und während der dritten Schweizreise 1797 mit dem Schreiber Ludwig Geist.

GOETHES REISEN VON 1775 BIS 1823

Karlsbad vom Egertor, Aquatintradierung von Lud. E. G. Buquoy, um 1820

Im höheren Alter reiste er zuweilen auch zusammen mit Künstlern, so u. a. mit dem Maler Johann Heinrich Meyer, dem Dichter Johann Peter Eckermann oder dem Philologen Friedrich Wilhelm Riemer, der ab 1814 Goethes Sekretär war.

Herzog Carl August schenkte Goethe 1792 eine Halbchaise, einen leichten zweisitzigen Reisewagen mit Verdeck. Ab 1799 besaß er eine Equipage, einen repräsentativen Wagen für Standespersonen. Für diese große und schwere Kutsche erhielt er vom Herzog jährliche Beihilfen. Inklusive der Kosten für Kutscher und Pferde kostete der Unterhalt jährlich 300 Taler – das entsprach in etwa dem mittleren Jahreseinkommen eines Handwerkermeisters. 1810 kaufte Goethe schließlich in Karlsbad von den Riemer- und Schmiedemeistern Franz Danzer und Andreas Schneller »eine Reisebatarde samt Koffer, Magazin, Vache, eisernem Hemmschuh und sonstigem Zubehör für zweihundert Gulden in Banknoten«. Eine Batarde bot innen viel Platz für Gepäck. Sogar ein Tisch ließ sich ausklappen. Bei der Vache handelte es sich um einen lederbezogenen Aufsatz, der als zusätzlicher Stauraum fungierte. Der sprichwörtliche Hemmschuh war ein kleines Gerät. Es wurde an das rechte Hinterrad gelegt, um den Wagen abzubremsen. Goethe nutzte aber nicht nur die für damalige Verhältnisse komfortablen Reisegefährte, sondern verlangte sich auf seinen Reisen auch erstaunliche physische Leistungen ab: Während der zweiten Schweizreise 1779 absolvierte er in 30 Reisetagen zu Pferd 1500 Kilometer, während der Fichtelgebirgsreise 1785 waren 30-Kilometer-Fußmärsche nichts Ungewöhnliches, und am 10. Dezember 1777 wurde – ein unerhörtes Wagnis damals – eine winterliche Brockenbesteigung versucht und erfolgreich abgeschlossen.

Goethe bereiste Mittel- und Südeuropa: Im Jahr 1778, anlässlich seiner Berlinreise, erreichte Goethe den nördlichsten Reiseort seines Lebens, das Dörfchen Tegel. Neun Jahre später, im Juli 1787, stand er in Agrigento/Sizilien am südlichsten Punkt. 1790 gelangte er während der schlesischen Reise am weitesten nach Osten, nämlich bis Wieliczka in Polen, und wieder zwei Jahre später, 1792, hatte er, in welthistorisch bedeutsamer Stunde, im Dörfchen Somme-Tourbe nordöstlich von Châlons-sur-Marne, seinen Radius im Westen abgesteckt. Die großen

GOETHES REISEN VON 1775 BIS 1823

Reisebatarde von Goethe, um 1810

Reisen lagen zwischen der ersten und der dritten Schweizreise, zwischen 1775 und 1797. Danach folgten Bade- und Informationsreisen, die der Dichter mit 74 Jahren aber ebenfalls einstellte. Dennoch unternahm er noch »Spazierfahrten« bis Jena, Dornburg und Ilmenau. Überschlagsrechnungen ergeben, dass Johann Wolfgang von Goethe fast 14 Jahre seines Lebens auf Reisen war.

Goethes Wirkungskreis in Deutschland konzentrierte sich auf Süd- und Mitteldeutschland. Der gebürtige Frankfurter reiste schon als junger Student nach Leipzig, dann schließlich, mit 26 Jahren, nach Thüringen, in das Herzogtum Sachsen-Weimar und Eisenach. In Weimar und Jena, Erfurt und Gotha, Eisenach und Ilmenau, Großkochberg und Rudolstadt finden sich noch heute zahlreiche Spuren des Dichters und Reisenden. Hier, in seiner Wahl- und Schicksalsheimat Thüringen, wo schon Lucas Cranach gelebt hatte, schloss sich in 56-jähriger angespannter Tätigkeit Goethes Lebenskreis. Wie gravierend und prägend dieser lange Abschnitt, die unzähligen Begegnungen mit bedeutenden und einflussreichen Persönlichkeiten sowie mit dieser Kulturlandschaft war, vermochte der Dichter selbst nicht darzustellen. Die Reisen innerhalb der Stammgebiete seiner Vorfahren – Franken, Hessen und Thüringen – prägten seine künstlerische Entwicklung, aber auch seinen naturwissenschaftlichen Werdegang außerordentlich. Der Thüringer Wald und der Harz seien in diesem Zusammenhang besonders erwähnt. So förderte etwa der Thüringer Wald, besonders die Umgebung Ilmenaus, den Politiker und Naturforscher, den Poeten und Bergbaufachmann Goethe außerordentlich. Kleinodien der deutschen Literatur entstanden hier, und zugleich wurde der sozial anspruchsvolle Versuch gestartet – Goethe war viele Jahre der verantwortliche Beamte dafür –, einen verfallenen Bergbau wieder in Gang zu setzen, um zahlreichen Menschen Brot und Arbeit zu geben – vergeblich übrigens. Nach Ilmenau führte bezeichnenderweise auch die letzte Reise, die der hochbetagte Goethe 1831 unternahm.

An die Reisen in die Schweiz und nach Italien knüpften sich entscheidende Bildungserlebnisse Goethes, ohne die das nachfolgende Gesamtwerk wie auch die persönliche Entwicklung des Menschen Goethe nicht erklärt werden könnten. Während ihm die erste italienische Reise ab 1786 vor allem prägende Kunsterlebnisse ermöglichte, nahm er elf Jah-

Johann Heinrich Meyer, Kreidezeichnung,
Selbstporträt, o. J.

re vorher in der Schweiz erstmalig eine lebendige Naturgegenwart beglückend wahr – Landschaftseindrücke und menschliche Begegnungen verbanden sich für den 26-jährigen Dichter mit einem überschwänglichen Lebensgefühl, das der Sturm-und-Drang-Zeit so recht angemessen war und zu begeisterten Ausbrüchen führte.

Die Schweiz und ihre Menschen begleiteten Goethe in der Tat bis an sein Lebensende. Zwar besuchte er das Alpenland bereits 1797 zum letzten Mal, sodass er sich in späteren Jahren die Erinnerung an die Bergwelt über die eigenen Zeichnungen

LAVATER ÜBER GOETHE

Wer kann verschiedner denken als Goethe und ich? Und dennoch lieben wir uns sehr … Goethe war voll Bonhomie, zu Ihnen zu kommen; das weiß ich. Sie werden über den Mann erstaunen, der mit dem Grimm des Tigers die Gutherzigkeit eines Lämmleins verbindet. Ich habe noch keinen festern und zugleich leitsamern Menschen gesehen … Goethe ist der liebenswürdigste, zutraulichste, herzigste Mensch. Bei Menschen ohne Prätension, der zermalmendste Herkules aller Prätension … Billiger ist kein Mensch in mündlicher Beurteilung anderer, toleranter niemand als er. Ich hab ihn neben Basedow und Hasenkamp, bei Herrnhutern und Mystikern, bei Weibchens und Männinnen, bei Kleinjoggen und Boßhard (zwei unendlich verschiedene Himmelsprodukte unsers Landes) allenthalben denselben edlen, alles durchschauenden, duftenden Mann gesehen. Aber ja! – wehe dem, der Prätensionen gegen ihn macht – und – der seine »kanonischen Bücher« angreift!

(Lavater an Wieland, Zürich, 8. und 9. November 1775)

SCHWEIZREISE UNTER GLÜCKLICHEM STERN

Diese Schweizerreise, nach dem wenigen, aber Hinlänglichen, was ich aus der Quelle selbst davon vernommen habe, zu urteilen, gehört unter Goethens meisterhafteste Dramata. Man muss aber auch gestehen, dass er das wahre enfant gaté der Natur und aller Schicksals-, Glücks- und Zufallsgötter ist, denn am Ende hätt er doch mit aller seiner dramatischen Panurgie keine einzige fatale Wolke vom Himmel wegblasen können, und ein einziger unglücklicher Zufall, für den ihn nur ein Narr responsabel machen könnte und für den ihn doch die ganze Welt responsabel gemacht hätte, war hinlänglich, das ganze Drama zu ruinieren. Dass nun das nicht geschehen, sondern alle Elemente und Wetter machenden Götter und alle übrigen, die das große Kartenspiel des Zufalls mischen, so freundlich und gutlaunig gewesen und von Anfang bis zu Ende lauter gute Karten gegeben haben, des sind wir nun herzlich froh, sollen und wollen aber anbei das Verdienst dessen, der das Spiel spielte, nicht misskennen; denn ein schlechter Spieler verliert auch mit guten Karten.

(Wieland an Merck, Weimar, 17. Januar 1780)

oder über seine zahlreichen Grafiken, Kupferstiche, Gemälde usw. zurückholen musste. Wichtiger aber waren menschliche Bindungen, und es ist gewiss kein Zufall, dass zwei Schweizer zu den engsten Freunden und Vertrauten des Hochbetagten gehörten: Frédéric Soret, der ihm naturwissenschaftlicher Helfer wurde, und vor allem Johann Heinrich Meyer, seine unentbehrliche Stütze in Kunstfragen, der dem Dichter bis zuletzt in echter Freundschaft zur Seite stand. Durch die beiden Männer blieb Goethe der Schweiz, dem »Zufluchtsort« von einst, nah und verbunden. Die drei Schweizreisen sind fest umrissene, in sich abgeschlossene Ereignisse in Goethes Leben, die in drei unterschiedlichen Lebensabschnitten liegen und insofern auch die Wandlung des Menschen – fortschreitendes Alter, verändertes Lebenstempo, andere Sichtweisen und gewachsene Weltkenntnis – belegen.

Vom Gefühlsfragment 1775 über das naturbeseligte Kunstwerk von 1779 bis zu allumfassender wissenschaftlicher Beobachtung und Klarheit 1797, so umschrieb der Goetheforscher Hans Wahl in einem Aufsatz von 1921 den Zusammenhang und Wandel der Goethe'schen Schweizreisen.

Was die drei Schweizreisen verband, war die Tatsache, dass sie alle auf eine bestimmte Art und Weise mit dem Schicksal einer Frau verknüpft waren. War es 1775 die »holde Lili« Schönemann, deren Zauberkraft sich der Jüngling verzweifelt zu entziehen versuchte, so beherrschte vier Jahre später Charlotte von Stein widersprüchlich genug die Gefühlswelt des erwachsenen Mannes. 1797 lebte der reife Goe-

ZUSAMMENTREFFEN VON BURMANN UND GOETHE

Burmann, ein Zeitgenosse der Karschien, hatte, gleich nachdem Goethe seine »Stella« geschrieben, die er ein »Schauspiel für Liebende« genannt, sich an diesen gewandt und ihm in schlichten Worten sein Herz und seine Sympathien erschlossen. Darauf hatte Goethe ihm statt aller Antwort ein in rosa Atlas gebundenes Exemplar dieses Buches übersandt. Als Goethe hier ankam, suchte er bald Burmann auf. Nach einigen Worten fragt ihn dieser, wer er denn sei, und als ihm Goethe seinen Namen genannt, springt er hoch auf vor Freude, wirft sich auf den Boden des Zimmers und rollt sich wie ein Kind auf demselben herum. Goethe, diese eigentliche Bewegung nicht begreifend, fragt ihn, was er habe, worauf dieser jubelnd ihm entgegenlacht, freudig ihm erwidernd: »Ich kann meine Freude über Sie nicht besser ausdrücken.« – »Nun«, erwiderte Goethe lachend, »dann will ich mich auch zu Ihnen werfen«, und so lagen beide auf den Dielen des Zimmers.

(Johann Valentin Teichmann, Goethe in Berlin. Erinnerungsblätter zur Feier seines hundertjährigen Geburtsfestes am 28. August 1849, Berlin 1849)

the bereits mehrere Jahre »in heimlicher Ehe« mit Christiane Vulpius zusammen. Sie war die Adressatin seiner liebevollen Briefe. Und doch war auch diese tiefe und innige Beziehung nicht frei von innerer Lebenstragik. Angesichts eines von Efeu umrankten Baumes, den er nahe Schaffhausen erblickte, wurde dem Dichter nur allzu klar, dass sein schöpferisches Lebenswerk mit dem »kleinen Naturwesen«, dieser »lieben Last«, nur noch schwerer würde zu leisten sein. Die zarte Elegie »Amyntas« entstand aus diesem tiefen Gefühl, »willig gezwungen« zu sein. Auch hier erkennt man den weiten Weg und Wandel vom unbändigen Kampf des Jünglings um seine Liebe zu Lili zu der verantwortungsbewussten Resignation des fast 50-Jährigen.

Als Goethe 1786 zum ersten Mal nach Italien aufbrach, lag vor ihm eine Reise, die ihn 653 Tage von Weimar fernhielt und bei der er rund 5000 Kilometer zurücklegte. Goethe trat dieses umfangreiche Programm bereits als erfahrener »Reisekünstler« an, hatte er doch bis zum Jahr 1786 auf 13 größeren Reisen eine Gesamtstrecke von etwa 8600 Kilometern bewältigt. Dennoch unterschied sich die erste italienische Reise von den meisten vorangegangenen Fahrten: Weder suchte der Reisende physisch-psychische Annehmlichkeiten, noch wollte er vordergründig seine landeskundlichen Detailkenntnisse erweitern, noch ging es ihm um den Nachvollzug vorgegebener Erlebnismodelle (das Nachahmen literarisierter Reisen also). Das Hauptziel dieser Reise war eine geistige Wiedergeburt, die Erneuerung seiner künstlerischen Persönlichkeit.

GOETHES REISEN VON 1775 BIS 1823

Ansicht von Rom, Gemälde von Gaspar van Wittel, gen. Vanvitelli, um 1700

Um dieses anspruchsvolle Ziel erreichen zu können, bedurfte es sorgfältiger Planung und einer disziplinierten Durchführung der Reise. Zu den Rahmenbedingungen gehörten das abrupte Verlassen des Weimarer Hofzirkels, der sich in Karlsbad etabliert hatte, der Verzicht auf Reisebegleitung, das Inkognito, die Benutzung öffentlicher Verkehrsmittel, die bewusste Aneignung italienischer Lebensformen und der strenge Reiserhythmus von Fahren, Faktensammeln, Verarbeiten und Ausruhen. Alles zog Goethe nach Rom, aber überhastet zu reisen lag ihm fern: In 16 Tagen war damals die Strecke von Karlsbad nach Rom zu bewältigen – Goethe brauchte 57 Tage.

Anders sahen die Begleitumstände bei Goethes zweiter Italienreise 1790 aus. Es wurde seine zweitlängste Reise, und sie war dienstlich. Er reiste der Herzoginmutter Anna Amalia bis Venedig entgegen, um sie auf ihrer Heimreise zu begleiten. Die in Weimar unter dem Schutz Herders zurückgelassene »kleine unheilige Familie« (die Eheleute lebten ohne kirchlichen Trauschein zusammen) zog ihn aber mit Gewalt zurück, sodass er der südlichen Landschaft und Atmosphäre relativ unbeteiligt gegenüberstand. Ganz im Unterschied zu 1786/88 reiste er diesmal offiziell als Politiker und Staatsbeamter – mit Kutsche, Begleitern und entsprechendem Aufwand.

Der kurze Zwischenaufenthalt in Schlesien, wo Goethe Herzog Carl August auf dessen Wunsch im preußischen Feldlager besuchte, war die erste der von weltgeschichtlichen Prozessen und Ereignissen gekennzeichneten Reisen Goethes. Er nahm 1792 am Feldzug der Koalitionsarmeen gegen das revolutionäre Frankreich teil und erlebte als Augenzeuge die Kanonade von Valmy. Am Abend dieses denkwürdigen Tages will er vor den Offizieren des weimarischen Regiments seine viel zitierten, ahnungsvollen Worte gesprochen haben: »Von hier und heute geht eine neue Epoche der Weltgeschichte aus, und ihr könnt sagen, ihr seid dabei gewesen.« Im Jahr darauf war Goethe bei der Belagerung von Mainz dabei und erlebte die militärische Niederlage der Franzosen und der ersten Republik auf deutschem Boden mit.

Insgesamt 16-mal weilte Goethe in Böhmen, um mit Bade- oder Trinkkuren seine Gesundheit zu konsolidieren. Erstmals 1785 nach Karlsbad gekommen, empfand er die böhmischen Bäder bald als so

GOETHES REISEN VON 1775 BIS 1823

Marienbad, Lithografie von August Haun, o. J.

vertraut, dass er noch 1823 die letzte Fahrt wagte. Mit Eger, Karlsbad und Marienbad verbanden sich jedoch nicht nur Kuren und anregende Geselligkeit, sie boten ihm auch Gelegenheit, »die Gebirge durchzuklopfen« und seine Gesteinssammlung zu erweitern. In Marienbad schließlich erlebte der 74-jährige Goethe eine letzte tiefe Liebe, als er sich heftig zu der 19-jährigen Ulrike von Levetzow hingezogen fühlte. Mit der »Marienbader Elegie« entstand ein bewegendes poetisches Zeugnis der in resignativer Bescheidung endenden Hoffnungen des Dichters.

Mehrere seiner Reisen lieferten das Material für geradezu klassisch gewordene Reisebeschreibungen, die »Schweizerreise 1797« und die »Italienische Reise«. Die »Kampagne in Frankreich 1792« enthält gleichzeitig wichtige biografische Ergänzungen zur Selbstdarstellung in »Dichtung und Wahrheit«. Es bedarf keiner umfänglichen Beweisführung, dass viele der poetischen wie auch naturwissenschaftlichen Werke sowie die umfangreichen natur- und kunstgeschichtlichen Sammlungen, die Goethe im Verlauf von sechs Jahrzehnten anlegte, ohne seine Reisen nicht entstanden wären. Auf Reisen erwarb er nicht zuletzt das notwendige praktische Wissen für die Bereiche, die er als Minister und Berater im Herzogtum Sachsen-Weimar-Eisenach verantwortete: das Straßen- und Bauwesen, den Bergbau, Wissenschaft und Kultur. Ohne seine Badereisen und Kuren wäre der Dichter möglicherweise auch nicht in der Lage gewesen, sein gewaltiges Lebenswerk mit der »Faust«-Dichtung zu krönen. Schließlich formten die Reisen Goethe zum überzeugten Europäer. Fast alle Besucher des Goethehauses am Weimarer Frauenplan wussten von der weltoffenen Atmosphäre, von der »grenzenlosen« Stimmung der Gespräche zu berichten. Der Hausherr selbst konnte sich der italienischen, französischen und englischen Sprache bedienen.

Die Reisen in die Schweiz 1775, 1779 und 1797 – vom Sturm-und-Drang-Dichter zum Minister und Mentor

Die Schweiz galt zu Goethes Zeiten als Musterland der Freiheit. Die Geschichte des Landes trug zu diesem Klischee bei, aber auch die landschaftliche Gewalt des Hochgebirges. Noch in der Mitte des 18. Jahrhunderts galt Helvetien überwiegend als

DIE REISEN IN DIE SCHWEIZ 1775, 1779 UND 1797

Terra incognita. Wohl lag die Schweiz im Herzen Europas, doch die außergewöhnliche Schwierigkeit und Gefährlichkeit des Reisens dorthin sowie die Unzugänglichkeit der Bergwelt hatten eine Erschließung des Alpenlandes verzögert. Wanderer und Bergsteiger waren eher selten, wenn auch mutige Männer seit Jahrhunderten die Pässe überquert hatten. Erst mit der allmählichen Entfaltung von Handel und Industrie, die auch die großen Städte der Schweiz einbezogen, und nicht zuletzt gefördert durch den Zuzug religiös Verfolgter im 17. und 18. Jahrhundert, begann die Schweiz auch kommerziell interessanter zu werden. Vor allen anderen Gründen ist jedoch die Naturschwärmerei zu nennen, die das jungfräulich unberührte Land in das Blickfeld des europäischen Bildungsbürgertums rückte. Jean-Jacques Rousseau und Albrecht von Haller, Salomon Geßner und Johann Kaspar Lavater hatten an diesem Bild gewirkt, sodass spätestens seit den 60er- und 70er-Jahren des 18. Jahrhunderts die Schweiz neben Rom und Paris zu den begehrtesten Reisezielen avancierte. Nicht zuletzt war es der Mythos vom »freien Land«, der in den Köpfen der gegen die Ständegesellschaft aufbegehrenden bürgerlichen Jugend spukte und zu den Stätten der Tell-Sage lockte. Der Schweizer Freiheitsheld Wilhelm Tell spukte in der Sagenwelt, und jeder Gebildete kannte die Apfelschussszene, die Schiller dann in seinem Drama literarisch verarbeitete.

Mit dem Ende 1774 erschienenen Briefroman »Die Leiden des jungen Werthers« war Goethes Leben damals zusehends turbulenter geworden. Dich-

GOETHES REISEN DURCH EUROPA

Anna Elisabeth (Lili) Schönemann, Aquarell, o. J.

tungen wie das Trauerspiel »Clavigo«, das Singspiel »Erwin und Elmire« oder das revolutionäre Gedicht »Prometheus« entstanden, zahlreiche Bekannte und Freunde wie Friedrich Maximilian Klinger, Johann Kaspar Lavater, Johann Bernhard Basedow, Johann Heinrich Jung, Friedrich Heinrich Jacobi oder Friedrich Gottlieb Klopstock bereicherten den jungen Dichter. Zu Ostern 1775 verlobte er sich mit der Tochter eines Frankfurter Bankiers, Anna Elisabeth (Lili) Schönemann, zu der er sich seit einem Jahr hingezogen fühlte. Aufkommende soziale und andere

DIE REISEN IN DIE SCHWEIZ 1775, 1779 UND 1797

Bedenken ließen jedoch schon jetzt die später stärker werdende »Ehescheu« aufkeimen. Der Dichter fürchtete durch diese Verpflichtung eine Einschränkung seiner künstlerischen Existenz, sicher zu Recht.

Vor diesem verworrenen Hintergrund war der Entschluss schnell gefasst, mit den Brüdern Christian Graf zu Stolberg und Friedrich Leopold Graf zu Stolberg sowie dem Grafen Kurt von Haugwitz eine Schweizreise anzutreten. Mitte Mai brachen die vier unternehmungslustigen Freunde von Frankfurt aus auf, ganz durchdrungen vom Geniegeist, den Goethe später in »Dichtung und Wahrheit« als wunderliches Gemisch von Freundschaft, Liebe, jugendlicher Lebhaftigkeit und talentvollem, aber ungebildetem Wesen beschrieb. Man pflegte einen jugendlichen und unbekümmerten Lebensstil: So manches Weinglas zerschellte an den Wänden hinter den Schwärmern, die damit ihrem Tyrannenhass Ausdruck verliehen. Auch dem Nacktbaden wurde gefrönt, eine unglaubliche Provokation. Der Ritt führte über Darmstadt, Karlsruhe, Schaffhausen und Winterthur nach Zürich, wo man sich der endlich gewonnenen Freiheit bewusst wurde. Goethe fühlte sich wie ein ausgebrochener Bär, wie eine entlaufene Katze. In einem Brief heißt es: »Ich bin sehr in der Luft. Schlafen, Essen, Trinken, Baden, Reiten, Fahren war so ein paar Tage her der selige Inhalt meines Lebens.« Im Tagebuch notiert er jubilierend: »Sauwohl und Projekte.« Bei einem neuerlichen Zusammentreffen mit dem jungen Herzog Carl August und dessen Verlobter Louise im Mai 1775 in Darmstadt wurde eine Einladung nach Weimar ausgesprochen, die sich für

GOETHES REISEN DURCH EUROPA

Prospect der Stadt Zürich.
Von der Abend-Seiten ab dem Geisberg anzusehen.

DIE REISEN IN DIE SCHWEIZ 1775, 1779 UND 1797

Prospekt der Stadt Zürich, Radierung von Johann Rudolf Holzhalb, o. J.

den jungen Frankfurter Rechtsanwalt als schicksalhaft erweisen sollte.

Vorbei am Rheinfall von Schaffhausen gelangten die Reisenden am 9. Juni 1775 nach Zürich, wo Goethe bei Lavater wohnte. Erstmals sah sich Goethe dem gewaltigen Eindruck des Hochgebirges ausgesetzt, was er im Tagebuch mit den wenigen Worten »allmächtig schröcklich« festhielt. Mitte Juni begann mit der Überquerung des Züricher Sees der zweite Teil der Reise, die Goethe nun allein mit dem Frankfurter Freund Jakob Ludwig Passavant zu Fuß antrat. Von Richterswil aus zogen sie nach Maria Einsiedeln und Richtung Schwyz. »Nach kurzer Rast, frisch und mit mutwilliger Behändigkeit, sprangen wir den von Klippe zu Klippe, von Platte zu Platte in die Tiefe sich stürzenden Fußpfad hinab und gelangten um zehn Uhr nach Schwyz. Wir waren zugleich müde und munter geworden, hinfällig und aufgeregt; wir löschten gähling [gierig] unsern heftigen Durst und fühlten uns noch mehr begeistert.« Es sei, so Goethe, ein unbegrenzter Naturzustand gewesen, der später nie wieder so erlebt wurde. Im Tagebuch steht: »Lachen und Jauchzen dauerte bis nach Mitternacht.« Mitte Juni erwanderten sie die zerklüfteten Schauplätze der Tell-Sage, am 21. Juni begann der Aufstieg zum St. Gotthardt; das gastliche und warme Hospiz hielt einen rustikalen Imbiss für die erschöpften Wanderer bereit. Mit dem redefreudigen Pater Lorenz verbrachten sie den Abend. Am 23. Juni, als Goethe die mächtige Umgebung zeichnend festzuhalten suchte, unternahm es Passavant – vergeblich –, Goethe zur Weiterreise nach Italien zu

DIE REISEN IN DIE SCHWEIZ 1775, 1779 UND 1797

Johann Kaspar Lavater, Kupferstich mit Roulette von Johann Heinrich Lips, o. J.

überreden. Erst elf Jahre später fühlte sich Goethe so weit gereift, dass er diesen Schritt tat. Am 26. Juni 1775 trafen die Reisenden wieder in Zürich ein. Zwischendurch besuchten sie den Vierwaldstätter See, den Zuger See und das Sihltal, das Goethe zu mehr oder weniger gelungenen Zeichnungen anregte. Am 6. Juli trat Goethe, nun allein reitend, die Rückreise an. Am 22. Juli traf er wieder in Frankfurt ein.

In mehreren Briefen zog Goethe das Fazit aus der Reise. Am 1. August 1775 schrieb er an seinen Vertrauten Carl Ludwig von Knebel: »Ich bin wieder hier, habe die liebe heilige Schweiz deutscher Nation durchwallfahrtet und finde mich um ein Guts besser, und ganz zufrieden mit dem Vergangnen, und hoffnungsvoll auf die Zukunft.« Hier wie dann im Brief an Anna Luise Karsch vom 17. August 1775 klingt die Bewältigung des Lili-Erlebnisses ebenso durch wie eine Vorahnung seiner Zukunft: »Von meiner Reise in die Schweiz hat die Zirkulation meiner kleinen Individualität viel gewonnen. Vielleicht peitscht mich bald die unsichtbare Geisel der Eumeniden wieder aus meinem Vaterland …« Noch Jahrzehnte später maß Goethe dieser Reise von 1775 eine große Bedeutung in seinem Leben zu, da sie ihm »mannigfaltigen Blick in die Welt« eröffnet habe.

Nach seiner Ankunft in Weimar im November 1775 wurde Goethe sehr schnell in viele Bereiche des gesellschaftlichen, politischen und auch privaten Lebens der Weimarer Fürstenfamilie einbezogen. Durch die immer engere persönliche Bindung an den jungen Herrscher und die zahlreichen gemeinsamen Unternehmungen konnte sich Goethe nach und nach ein gutes Bild von seinem acht Jahre jüngeren fürstlichen Freund machen, der ein Heißsporn und oft unberechenbar war. Eckermann gegenüber ließ sich Goethe viel später über diese Jahre mit Carl August aus: »Er war damals sehr jung …, doch ging es mit uns freilich etwas toll her. Er war wie ein edler Wein, aber noch in gewaltiger Gärung. Er wusste mit seinen Kräften nicht wo hinaus, und wir waren oft sehr nahe am Halsbrechen. Auf Parforcepferden über Hecken, Gräben und Flüsse, und bergein, bergauf sich tagelang abarbeiten, und dann nachts unter

DIE REISEN IN DIE SCHWEIZ 1775, 1779 UND 1797

freiem Himmel kampieren, etwa bei einem Feuer im Walde: das war nach seinem Sinne. Ein Herzogtum geerbt zu haben war ihm nichts, aber hätte er sich eins erringen, erjagen und erstürmen können, das wäre ihm etwas gewesen.« Unter diesen Voraussetzungen war die im Herbst 1779 begonnene zweite Reise in die Schweiz eine riskante Fahrt, die nach außen das pädagogische Ziel verfolgte, den Fürsten vor allem charakterlich zu fordern und zu formen. Der geheime Zweck bestand darin, für das klamme Weimarer Herzogtum Kredite zu erbitten. Auch für den Günstling des Herzogs war der Moment ideal, sein bisheriges Leben in Weimar Revue passieren zu lassen und einen sichtbaren Neuanfang zu riskieren. Im Tagebuch vom 7. August 1779 heißt es unerbittlich: »Andre Zeiten, andre Sorgen. Stiller Rückblick aufs Leben, auf die Verworrenheit, Betriebsamkeit, Wissbegierde der Jugend, wie sie überall herumschweift, um etwas Befriedigendes zu finden. Wie ich besonders in Geheimnissen, dunklen imaginativen Verhältnissen eine Wollust gefunden habe. Wie ich alles Wissenschaftliche nur halb angegriffen und bald wieder habe fahren lassen, wie eine Art von demütiger Selbstgefälligkeit durch alles ging, was ich damals schrieb. Wie kurzsinnig in menschlichen und göttlichen Dingen ich mich umgedreht habe. Wie des Tuns, auch des zweckmäßigen Denkens und Dichtens so wenig, wie in zeitverderbender Empfindung und Schatten-Leidenschaft gar viel Tage vertan, wie wenig mir davon zunutz kommen und da die Hälfte nun des Lebens vorüber ist, wie nun kein Weg zurückgelegt, sondern vielmehr ich nun dastehe wie einer, der sich aus dem Wasser rettet und den die Sonne anfängt wohltätig abzutrocknen. Die Zeit, die ich im Treiben der Welt bin seit 75 Oktbr. getrau ich noch nicht zu übersehen.«

Nur der Schweiz billigte Goethe die Kraft zu, diesen Wandel seines Daseins zu ermöglichen. Im September 1779 brach die kleine Reisegesellschaft auf: Herzog Carl August, der Oberforstmeister und Kammerherr Moritz von Wedel, der wenige Tage zuvor zum Geheimen Rat ernannte Goethe, dessen Diener Philipp Seidel, der herzogliche Kämmerer Wagner, ein Jäger und ein Reitknecht. Nichts erinnerte mehr an die erste Schweizreise – Goethe war ein anderer geworden: statt Geniegeist Ökonomie der Lebensführung, statt Ungebundenheit Planung und Bewusstsein, statt Sensationen und Exaltationen Beherrschung und maßvolles Auftreten, statt Leichtsinn und Unbedachtsamkeit Vorsicht und Überlegung. 1775 reiste der noch jungenhafte Dichter, vier Jahre später der Minister und Mentor. Über Erfurt und Kassel führte der Weg nach Frankfurt, wo die herzogliche Reisegruppe in Goethes Elternhaus reichsstädtisch-erlesen bewirtet und untergebracht wurde. Zu Pferd ging es über Heidelberg und Sesenheim – Goethe besuchte hier die einst heiß geliebte Pfarrerstochter Friederike Brion – nach Straßburg und Emmendingen, wo er vor dem Grab seiner Schwester Cornelia stand. Die nahe Schweiz erweckte bereits große Gefühle bei Goethe, wobei er immer an die Unüberlegtheiten des Fürsten zu denken hatte. An Charlotte von Stein schrieb er: »Wär ich allein gewesen, ich wäre höher und tiefer gegangen, aber mit dem Herzog muss ich tun, was mäßig ist. Doch könnte ich uns mehr erlauben, wenn er die böse Art nicht hätte, den Speck zu spicken, und wenn man auf dem Gipfel des Bergs mit Müh und Gefahr ist, noch ein Stiegelchen ohne Zweck und Not mit Müh und Gefahr suchte.«

Glücklich Ende Oktober in Genf angekommen, bereitete sich die Reisegruppe auf den schwierigsten Teil der Unternehmung vor: den Marsch zum St. Gotthardt unter den Bedingungen des beginnenden Winters. Im Brief an Charlotte von Stein stehen die Sätze: »Nun haben wir einen wichtigen Weg vor uns, wo wir das Geleit des Glückes nötiger haben als jemals. Morgen soll's nach den Savoyer Eisgebürgen und von da durch ins Wallis. Wenn es dort schon so aussähe, wie man es uns hier malt, so wär's ein Stieg in die Hölle.« Hier klingt trotzig Goethes Plan des kontrollierten Risikos durch. Das Tagebuch verrät die Gefühlslage Goethes: »Enger das Tal, aufwärts. Ängstl. Stimmung. Verfl. Gefühl des Entenfangs ... Fatale Ahndungen. Erinnerung. Enge. Böses Gefühl, dass man im Sack stickt. Hoffnung und Vertrauen.« Am 12. November endete dieses Wechselbad der Gefühle. Es hörte auf zu schneien, zwei Bergführer stießen hinzu. Am 13. November, nachmittags zwei Uhr, erreichten sie bei schönstem Sonnenwetter den Gipfel des Gotthardt. Das Gefühl des Glücks war allgemein. Zwei Tage später begann der Rückmarsch, und am 13. Januar 1780 trafen die weit Gereisten wieder in Weimar ein. Das Resümee der Reise war euphorisch: »Jedermann ist mit ... [dem Herzog] sehr zufrieden, preist uns nun, und die Reise ist ein

Meisterstück! eine Epopee!« Die Schweiz mit ihren Bergen und ihren Menschen hatte die Reisenden verändert, nicht nur den jungen Herzog, sondern auch Goethe. Die geistlosen Höfe, die auf dem letzten Teil der Fahrt im südlichen Deutschland pflichtgemäß besucht wurden, machten diesen Kontrast überdeutlich. Goethe schrieb schon in Mannheim begeistert: »Gott im Himmel, was ist Weimar für ein Paradies!«

18 Jahre liegen zwischen der zweiten und der dritten Reise Goethes in die Schweiz. Lebensbestimmende Ereignisse fielen in diesen Zeitraum: die Reisen nach Italien, das Wiederfinden der künstlerischen Existenz, die Reduzierung der Amtsgeschäfte in Weimar, die Hinwendung zur Kunstgeschichte und Naturwissenschaft. Freundschaftliche Verbindungen zu früheren Mitstreitern waren eingeschränkt oder abgebrochen und neue geknüpft worden, darunter 1794 zu Friedrich Schiller. Ein eigener Hausstand war gegründet, die Liebesbeziehung zu Christiane Vulpius auf die feste Basis einer »Gewissensehe« gestellt worden. Die Freundschaft mit dem Schweizer Kunstkenner Johann Heinrich Meyer bereicherte das Leben des Dichters im Haus am Frauenplan. Die dritte Reise in Richtung Italien war lang und gründlich vorbereitet worden. Die europäischen Kriegsereignisse und eine Erkrankung Johann Heinrich Meyers verhinderten jedoch die geplante Durchführung. Anfang Juli reiste Goethe aus Weimar ab, die Familie fuhr separat nach Frankfurt. Drei Wochen lang zeigte Goethe seinen »kleinen Hausgeistern« seine Heimatstadt, dann reiste er allein in Richtung Schweiz weiter, während die Familie nach Weimar zurückkehrte.

GOETHES DRITTE SCHWEIZREISE – PERSPEKTIVWECHSEL

Kaum hatte ich mich in Zürch mit dem guten Meyer zusammengefunden, kaum waren wir zusammen hier angelangt, kaum hatte ich mich an seinen mitgebrachten Arbeiten, an der angenehmen Gegend und ihrer Kultur erfreut, als die nahen Gebirge mir eine gewisse Unruhe gaben und das schöne Wetter den Wunsch unterhielt, mich ihnen zu nähern, ja sie zu besteigen. Der Instinkt, der mich dazu trieb, war sehr zusammengesetzt und undeutlich, ich erinnerte mich des Effekts, den diese Gegenstände vor zwanzig Jahren auf mich gemacht … Ich war ein anderer Mensch geworden und also mussten mir die Gegenstände auch anders erscheinen. Sich durch's unmittelbare Anschauen die naturhistorischen, geografischen und politischen Verhältnisse zu vergegenwärtigen, und sich dann durch eine alte Chronik die vergangnen Zeiten näherzubringen, auch sonst manchen Aufsatz der arbeitsamen Schweizer zu nutzen, gibt, besonders bei der Umschriebenheit der helvetischen Existenz, eine sehr angenehme Unterhaltung … Was werden Sie nun aber sagen, wenn ich ihnen vertraue, dass zwischen allen diesen prosaischen Stoffen sich auch ein poetischer hervorgetan hat, der mir viel Zutrauen einflößt. Ich bin fast überzeugt, dass die Fabel vom Tell sich werde episch behandeln lassen …

(Goethe an Schiller, Stäfa, 14. Oktober 1797)

GOETHES REISEN DURCH EUROPA

Goethes Reisepraxis ließ ihn alle bemerkenswerten Dinge rechts und links des Weges bewusst aufnehmen, wodurch eine reiche Materialsammlung zusammenkam, später wichtige Notizen für die geplante klassische Reisebeschreibung, die er 1823/24 verfassen sollte. Am 25. August erfolgte der Aufbruch nach Stuttgart, die nächste Station war Tübingen. »Durch die Gelassenheit, womit ich meinen Weg mache, lerne ich, freilich etwas spät, noch reisen«, bekannte er.

Mitte September, wie 1775 und 1779 über Schaffhausen fahrend, erreichte er sein Ziel; Johann Heinrich Meyer kam ihm entgegen und sorgte für ein angenehmes Domizil in Stäfa, dem Heimatort des Freundes. Vom 22. September an bereiteten sich die beiden auf eine Fußreise vor, die sie nach Einsiedeln, Schwyz und zum Vierwaldstätter See führte und schließlich auf dem Gipfel des St. Gotthard ihren krönenden Abschluss finden sollte. Am 3. Oktober befand sich Goethe zum dritten und letzten Mal auf dem Scheitel des Passberges, nachdem sie bei ihrer »Berg- und Seereise« »manchen sauren Stieg zurückgelegt« hatten.

Die Landschaft hatte Goethe erneut tief beeindruckt. Goethe spielte auch mit dem Gedanken, die Fabel vom Tell episch zu behandeln, eine Idee, die Schiller dermaßen entzündete, dass Goethe den Stoff an seinen Freund abgab. Goethe resümierte im Brief an Schiller zufrieden: »Bei der Leichtigkeit, die Gegenstände aufzunehmen, bin ich reich geworden, ohne beladen zu sein, der Stoff inkommodiert mich nicht, weil ich ihn gleich zu ordnen oder zu verarbei-

DIE REISEN IN DIE SCHWEIZ 1775, 1779 UND 1797

Friedrich von Schiller, Gemälde von Johann Friedrich August Tischbein, o. J.

ten weiß …« Die Reisenden kamen am 22. Oktober wieder nach Zürich und traten vier Tage später die Rückreise nach Weimar an. Eintreffende Kriegsnachrichten und wertvolles Gepäck – darunter Kunst aus Italien und viele Zeichnungen Meyers – beschleunigten die Abreise. Die Schweiz behielt Goethe lebenslang als einzigartige Landschaft in Erinnerung.

GOETHES REISEN DURCH EUROPA

DIE REISEN IN DIE SCHWEIZ 1775, 1779 UND 1797

Prospekt der Stadt Berlin, Radierung, o. J.

GOETHES REISEN DURCH EUROPA

Die Reise nach Preußen 1778 – »Je größer die Welt, desto garstiger wird die Farce«

Am 10. Mai 1778 reisten Herzog Carl August, der Kammerherr Moritz von Wedel und Goethe über Wörlitz nach Berlin. Die im Zusammenhang mit der bayerischen Erbfolge drohenden militärischen Auseinandersetzungen zwischen Preußen und Österreich bewogen Carl August und seinen Freund Leopold III. Franz Friedrich von Anhalt-Dessau, in der Hohenzollernresidenz die politische Lage zu sondieren. Der Konflikt wurde durch den Plan Josephs II. ausgelöst, nach dem Aussterben der bayerischen Wittelsbacher Niederbayern und Teile der Pfalz zu annektieren. Der Krieg erschöpfte sich dann in strategischen Operationen und endete mit dem Frieden von Teschen vom 15. März 1779. Goethe war sich bewusst, erstmals an großen politischen Entscheidungen zumindest am Rande zu partizipieren. Schon vor dem Erreichen Berlins wusste er, dass er nun erleben würde, »wie die Großen mit den Menschen und die Götter mit den Großen spielen«. Am 14. Mai wurde die Hauptstadt erreicht. Während des fünftägigen Aufenthalts studierte Goethe sehr aufmerksam das großstädtische Treiben, die großzügig angelegten prächtigen Bauten des »Forum Fridericianum«, den Gendarmenmarkt in der Friedrichstadt und anderes mehr. Bereits am ersten Tag hatte er die von Friedrich II. gegründete »Königliche Porcelaine Manufacture« besucht, um Anregungen für die in Ilmenau entstehenden Porzellanwerkstätten zu erhalten, zwei Tage später besichtigte er die Wollmanufaktur an der Fischerbrücke, wo ihn die 400 Webstühle besonders

GOETHE IN BERLIN

Auch in Berlin war ich im Frühjahr; ein ganz ander Schauspiel [als die Harzreise – J. K.]! Wir waren wenige Tage da, und ich guckte nur drein wie das Kind in Schön-Raritäten-Kasten. Aber Du weißt, wie ich im Anschaun lebe; es sind mir tausend Lichter aufgegangen. Und dem alten Fritz bin ich recht nah worden, da ich hab sein Wesen gesehn, sein Gold, Silber, Marmor, Affen, Papageien und zerissne Vorhänge, und hab über den großen Menschen seine eignen Lumpenhunde räsonnieren hören. Einen großen Teil von Prinz Heinrichs Armee, den wir passiert sind, Manövres und die Gestalten der Generale, die ich hab halb dutzendweis bei Tisch gegenüber gehabt, machen mich auch bei dem jetzigen Kriege gegenwärtiger. Mit Menschen hab ich sonst gar nichts zu verkehren gehabt und hab in preußischen Staaten kein Wort hervorgebracht, das sie nicht könnten drucken lassen. Dafür ich gelegentlich als stolz etc. ausgeschrien bin.

(Goethe an Merck, Weimar, 5. August 1778)

faszinierten. Hier ließ der Preußenkönig die Tuche für seine Soldaten herstellen.

Als Begleiter zweier Fürsten, kaum aber als Dichter des »Werther« und des »Götz« wurde Goethe u. a. an die Hoftafel des Prinzen Heinrich, des Bruders des abwesenden Königs, gebeten. Goethe erlebte in diesem hocharistokratischen Kreis, der gegen den Herrscher opponierte und intrigierte, mit welchem Zynismus, mit welcher Indolenz und Ignoranz die Autorität des »Alten Fritz« herabgewürdigt wurde. Der Kreis und sein Gebaren stießen den schon im Elternhaus »fritzisch« erzogenen Goethe derart ab, dass er fast verstummte, wodurch er den anwesenden Offizieren und Diplomaten als bürgerlicher Hagestolz erscheinen musste. Die Szenen »an des Prinzen Heinrich Tafel« vergaß Goethe ein Leben lang nicht mehr. Voller Abscheu schrieb er noch am selben Tag an Charlotte von Stein: »So viel kann ich sagen, je größer die Welt, desto garstiger wird die Farce, und ich schwöre, keine Zote und Eselei der Hanswurstiaden ist so ekelhaft als das Wesen der Großen, Mittlern und Kleinen durcheinander. Ich habe die Götter gebeten, dass sie mir meinen Mut und Gradsein erhalten wollen bis ans Ende …«

Nicht nur in der königlichen Umgebung, sondern auch in »mancherlei Menschen Gewerb und Wesen« habe er sich »durchgetrieben«. So sah Goethe auch die Tagelöhner und Blessierten, die Armut und den Schmutz der großen Stadt und begann die Kehrseite des scheinbar so fest gefügten friderizianischen Staats zu erfassen. »Gleichmut und Reinheit erhalten mir die Götter aufs Schönste«, schrieb er im selben

Brief, »aber dagegen welke die Blüte des Vertrauens, der Offenheit, der hingebenden Liebe täglich mehr«. Dann weiter: »Es ist ein schön Gefühl, an der Quelle des Kriegs zu sitzen in dem Augenblick, da sie überzusprudeln droht. Und die Pracht der Königsstadt, und Leben und Ordnung und Überfluss, das nicht wäre ohne die tausend und tausend Menschen, bereit, für sie geopfert zu werden. Pferde, Wagen, Geschütz, Zurüstungen, es wimmelt von allem.«

Ab 10. Mai erfolgte die Rückreise nach Hause; kurze Pausen legte man in Tegel, Potsdam und Dessau ein. Den üblen Erinnerungen an Prinz Heinrich schlossen sich die eines Kastellans in Sanssouci an, dessen Unhöflichkeiten Goethe der Erwähnung für wert hielt. Er sah die Berliner Spritztour am Ende als ein Abenteuer, das seine Welterfahrung um einige Erkenntnisse bereichert hatte. Im Brief an Charlotte von Stein steht der Stoßseufzer: »In meinem Tal ist mir's lieber und wohler als in der weiten Welt.«

Aufenthalte in Böhmen 1785 bis 1823 – Kur in bunter Gesellschaft

Als Goethe im Alter von 74 Jahren zu seiner letzten Fahrt von Weimar aus aufbrach, war das Ziel fast symbolisch Böhmen. Erstmalig war er im Sommer 1785, damals mit dem Freund Carl Ludwig von Knebel, durchs Fichtelgebirge nach Karlsbad gereist. In den nächsten Jahrzehnten sollte der Badeort immer mehr Bedeutung für Goethe erlangen. Die höfischen Zwänge entfielen, dafür gab es durch die bunte Badegesellschaft – Adel und Bürgertum und Militärs – eine in Europa fast einmalige bunte Mischung

BÖHMEN – EINDRÜCKE VON KANZLER VON MÜLLER

Exkurs über die böhmischen Zustände, hinsichtlich geordneter Lebensrichtung, Stellenerlangung p. Im Ganzen sei alles dort so abnorm von unseren Einrichtungen, so stationär wie in China. Wer nicht in die Messe geht, wird denunziert.

(Kanzler von Müller, Unterhaltungen mit Goethe, Weimar, 17. September 1823)

Das Taschenbuch für österreichische Geschichte von Hormayer mit Sternbergs Bild führte das Gespräch auf Böhmen: »Dort war eine große Kultur im 14., 15. Jahrhundert einheimisch, ehe man im übrigen Deutschland daran dachte. Prag mit seinen 40 000 Studenten, welch eine Erscheinung! Aus allen Winkeln Deutschlands waren Lehrer hingegangen, die jeder gleich seine Zuhörer-Schar mitbrachte. Jedermann dürstete nach griechischer und lateinischer Kenntnis. Man räumte den Professoren die größten Rechte und Freiheiten ein; als man sie späterhin beschränken wollte, wurden sie wild und zogen aus. Damals wurde Leipzig durch eine solche ausgewanderte Schar emporgehoben, der man das Paulinum einräumte. Ja, die Geschichte lässt ganz wundersame Phänomene hervortreten, je nachdem man sie aus einem bestimmten Kreispunkte betrachtet. Und doch kann eigentlich niemand aus der Geschichte etwas lernen, denn sie enthält ja nur eine Masse von Torheiten und Schlechtigkeiten.«

(Kanzler von Müller, Unterhaltungen mit Goethe, Weimar, 17. Dezember 1824)

AUFENTHALTE IN BÖHMEN 1785 BIS 1823

aus Konversation, Heilung und Meinungsaustausch. Hier fand der Weimarer Dichter, Naturwissenschaftler und Politiker die Freiräume, die ihm ungestörtes Dichten und Arbeiten ermöglichten. Über 16-mal zog es ihn während der Sommermonate nach Böhmen. Im Februar 1823 erkrankte Goethe an Herzbeutelentzündung. Langsam nur genas er, und erst im März konnten die Ärzte bei allmählicher Besserung des Zustandes von einer Überwindung der Krankheit sprechen. Nach Goethes eigener Überzeugung hatte das Wasser des Marienbader Kreuzbrunnens, das er bereits in Weimar und dann in Böhmen 1823 getrunken hatte, entscheidend den Heilungsprozess gefördert.

In Marienbad kurte Goethe nach seiner gewohnten Art und Weise: Meist stand er schon um fünf Uhr auf. Die ersten Stunden des beginnenden Tags gehörten nach der vorgeschriebenen Trinkprozedur der Arbeit an den zahlreichen Manuskripten. Vor und nach dem Mittagstisch lagen meist Besuche und Gegenbesuche, Lesestunden, auch Spaziergänge und kürzere Ausfahrten in die nähere Umgebung. Abends stand häufig die Teilnahme an Gesellschaften auf dem Programm, bei denen der bejahrte Dichter oft im Mittelpunkt stand, war er doch europaweit bekannt. Das Essen ließ er sich ins Quartier bringen, und auch eine Flasche guten Weines verschmähte er nicht.

Unter diesen freundlichen Begleitumständen begegnete Goethe in Marienbad der Familie Levetzow wieder, die er bereits während der vorhergehenden Aufenthalte in dem damals jungen Badeort kennen

GOETHES REISEN DURCH EUROPA

Marienbad – der Kreutzbrunn, Lithografie, o. J.

und schätzen gelernt hatte. Während jedoch in den Jahren davor Ulrike, die älteste Tochter, bestenfalls sein väterliches Wohlwollen hatte auf sich ziehen können, erweckte das hübsche 19-jährige Mädchen diesmal eine leidenschaftliche Zuneigung bei dem 74-jährigen Goethe. Wissenschaftliche geologische oder meteorologische Studien stellte Goethe schnell zurück, um dafür den gesellschaftlichen Umgang mit der Familie auszuweiten. Das kulturbeflissene Europa, das in Böhmen versammelt war, wurde Augenzeuge einer Romanze, die heute ganz Hollywood hätte begeistern können. Die Terrasse vor den

AUFENTHALTE IN BÖHMEN 1785 BIS 1823

**Theodore Ulrike Sophie von Levetzow, Pastell,
erste Hälfte des 19. Jahrhunderts**

Quartieren Goethes, der Levetzows und weiterer Mitglieder der fröhlich-unbeschwerten Kurrunde war häufiger Schauplatz der sich abspielenden Romanze. Spaziergänge, Gespräche, abendliche Bälle – »es wurde gehupft und galoppiert wie immer«. Goethe ließ kaum eine Gelegenheit verstreichen, seiner Angebeteten aufzuwarten. Die Gefühlsaufwallung, aber auch jugendliches Tanzen und Herumstreifen mit den Levetzow'schen Töchtern Bertha, Amélie und Ulrike zeigten schließlich Folgen: »Bekam mir nicht« und mehrfach »schlimme Nacht« sind leise Fingerzeige im Tagebuch, dass diese späte Liebe Goethe so sehr mitnahm, dass er sogar zur Konsultation des Badearztes gezwungen war.

Mitte August reisten die Levetzows ab – für Goethe endete diese Episode am 5. September mit einem »tumultuarischen Abschied« von Marienbad. Das Privatleben des Dichters war zu einem europäischen Ereignis geworden, an dem nicht nur die Familie teilhatte. Goethe bewältigte dieses letzte Liebeserleben als Dichter und Künstler: Auf der Rückreise von Böhmen nach Weimar entstand in der Kutsche die »Marienbader Elegie«, eines der schönsten und ergreifendsten Gedichte des alten Goethe.

Die erste Italienreise von 1786 bis 1788 – Aufbau der Kunstsammlungen

Die längste, ereignis- und tatenreichste Reise in Goethes Leben war die erste italienische Reise von 1786 bis 1788. Die weitreichenden Folgen gerade dieser Fahrt für alle Bereiche von Goethes Existenz – für den Politiker und Naturwissenschaftler, für den Zeichner und Poeten sowie für den Kunstsammler – können nur ansatzweise dargestellt werden.

Goethe reiste 1786 eigenmächtig – ohne Urlaub und heimlich – unter dem Pseudonym Philipp Möller nach Italien. Mit der Flucht aus Karlsbad löste er sich aus dem Dunstkreis der Frau von Stein, deren Beziehung zu Goethe in eine Sackgasse geraten war, und er realisierte eine Reise, deren Vorbereitung seit Kinderzeiten stattgefunden hatte. Die einengenden Weimarer Verhältnisse, die drückenden Amtspflichten korrespondierten mit einer Krise des Künstlertums. Goethe suchte in der mediterranen

DIE ERSTE ITALIENREISE VON 1786 BIS 1788

Goethe in der Campagna, Gemälde von Reinhold Ewald, 1959; nach Johann Heinrich Wilhelm Tischbein, 1787

Atmosphäre neue Schaffenskraft durch Selbstbildung, Selbstfindung und Vertiefung des Lebensgefühls. Theater, die Kunst der Renaissance und die Architektur, die Musik, beglückendes Erleben von Landschaften, Naturwundern, Klima und lebendigem Volksleben – alles verband sich für Goethes schöpferische Wiedergeburt. Die Eindrücke für den Augenmenschen waren so überwältigend, dass sich an die Reiseziele Venedig, Rom und Neapel noch eine Sizilienreise anschloss.

Das künstlerische Ergebnis der Reise dokumentieren u. a. die vielen Zeichnungen und Aquarelle, die Goethe unter Anleitung von Künstlern wie Tischbein, Hackert und Meyer fertigte. Künstler wie Angelica

FAHRT ÜBER DEN TIBER – KUNSTHISTORISCHER STREIT

Ich erinnere mich einer solchen Überfahrt [über den Tiber – J. K.], wo wir in einer schönen Nacht bei hellem Mondenschein vom Vatikan zurückkamen. Von Bekannten waren Bury, Hirt und Lips unter uns, und es hatte sich der gewöhnliche Streit entsponnen, wer größer sei, Raffael oder Michelangelo. So bestiegen wir die Fähre. Als wir das andere Ufer erreicht hatten und der Streit noch in vollem Gange war, schlug ein lustiger Vogel, ich glaube, es war Bury, vor, das Wasser nicht eher zu verlassen, als bis der Streit völlig abgetan sei und die Parteien sich vereinigt hätten. Der Vorschlag wurde angenommen, der Fährmann musste wieder abstoßen und zurückfahren. Aber nun wurde das Disputieren erst recht lebhaft, und wenn wir das Ufer erreicht hatten, mussten wir immer wieder zurück, denn der Streit war nicht entschieden. So fuhren wir stundenlang hinüber und herüber, wobei niemand sich besser stand als der Schiffer, dem sich die Bajokks bei jeder Überfahrt vermehrten … Endlich, um nicht die ganze Nacht hin und her zu fahren, vereinigte man sich notdürftig, und wir gingen zu Lande.

(Eckermann, Gespräche mit Goethe, Rom 1787)

BESUCH DER MESSE IN DER SIXTINISCHEN KAPELLE

Sonntags gingen wir in die Sixtinische Kapelle, wo der Papst mit den Kardinälen der Messe beiwohnte. Da die letzteren wegen der Fastenzeit nicht rot, sondern violett gekleidet waren, gab es ein neues Schauspiel. Einige Tage vorher hatte ich Gemälde von Albert Dürer gesehen und freute mich nun, so etwas im Leben anzutreffen. Das Ganze zusammen war einzig groß und doch simpel, und ich wundere mich nicht, wenn Freunde, die eben in der Karwoche, wo alles zusammentrifft, hereinkommen, sich kaum fassen können. Die Kapelle selbst kenne ich recht gut, ich habe vorigen Sommer darin zu Mittag gegessen und auf des Papstes Thron Mittagsruhe gehalten und kann die Gemälde fast auswendig, und doch, wenn alles beisammen ist, was zur Funktion gehört, so ist es wieder was anders, und man findet sich kaum wieder.

(Goethe, Italienische Reise, Rom 1788)

SOUVENIRS AUS ITALIEN

Goethe wurde, als er nach Italien reiste, von Freunden und Bekannten gebeten, ihnen kleine Kunstgegenstände mitzubringen, besonders legte man Gewicht auf venezianischen Schmuck. Er vergaß auch diese Aufträge durchaus nicht, aber er übte die Vorsicht, nur für die etwas zu kaufen, die ihm das notwendige Geld dafür mitgegeben hatten. So erfreut diese waren, so enttäuscht waren die anderen, die kein Geld angelegt hatten, und sie fragten den Dichter, warum er an sie nicht gedacht habe. »Das ist Schicksal«, antwortete Goethe. »Als ich in der Gondel über den Canale de Grande in Venedig fuhr und die Merkzettel mit den Wünschen meiner Freunde auf den Knien hatte, kam plötzlich ein Windstoß, der die Zettel ins Wasser wehte.« – »Aber einigen haben Sie doch etwas mitgebracht?«, fragten die Enttäuschten vorwurfsvoll. »Ja«, entgegnete Goethe lächelnd, »auf einigen Merkzetteln lagen Geldstücke, da konnten sie nicht vom Wind verweht werden.«

(Goethe in der Anekdote, ges. u. hrsg. von Edwin Zellweker, Wien, 1947)

DIE ERSTE ITALIENREISE VON 1786 BIS 1788

Junozimmer in Goethes Wohnhaus

Kauffmann, Carl Philipp Moritz oder Fritz Bury begleiteten diesen Prozess, an dessen Ende Goethes Verzicht auf eigenes bildnerisches Künstlertum, dafür aber die Wiederbelebung des schriftstellerischen Wirkens stand.

Eine zweite Entscheidung Goethes bestand darin, die Kunstgeschichte des Abendlandes zu erforschen, wozu der Weimarer Sammler den Aufbau einer eigenen Studienkollektion betreiben wollte. Das große, repräsentative Wohnhaus am Weimarer Frauenplan war dafür geeignet und bestimmt. So entstand eine Sammlung nach damals modernen Gesichtspunkten, geordnet nach dem Muster der in Europa entstehenden großen Museen, nach Chronologie und kunstgeschichtlichen Kriterien. So kam nach 1788 eine Kollektion zusammen, die Goethe bis 1832 ausbaute, wodurch zuletzt etwa 25 000 Kunstgegenstände zu Buche standen. Eigene zielgerichtete Erwerbungen stehen neben Schenkungen und Ankäufen. Parallel begann er mit der Erarbeitung und Ausformulierung der klassischen Kunsttheorie, fußend auf der Lehre Johann Joachim Winckelmanns. Schenkt man den Äußerungen des 80-Jährigen Glauben, dass er seit seinem 20. Lebensjahr »jährlich wenigstens 100 Dukaten auf den Ankauf von Merkwürdigkeiten« verwendet hätte, so muss er bereits im Elternhaus in Frankfurt Objekte zusammengestellt haben.

Die Italienreise förderte auch die Anschaffungspraxis: Nun, da er Wissen auf Wissen häufte, wuchs gleichzeitig das Verlangen nach erneuter Betrachtung des Behandelten: »Was man weiß, sieht man erst«, war denn auch folgerichtig die dialektische Umkehr jenes Satzes, demzufolge alles aufs Anschauen ankomme, um überhaupt denken zu können.

So wuchsen allmählich die einzelnen Teilsammlungen, an deren Objekten Goethe den Blick schulte, weil er wusste, und bei denen er dachte, weil er sah. Fast 100 Großplastiken aus Gips existieren. Einige sind in die künstlerische Gestaltung des Hauses eingebettet. Die Originale stehen in ganz Europa, in Madrid, London, Rom und Wien. Goethe reiste im Geiste dorthin, um an diesen Sammelstücken zu lernen. Wertvolle Gemmen und Gemmenabdrücke sind vorhanden, dazu eine Münz- und Medaillensammlung, jeweils 2000 Stücke. Farben-

DIE ERSTE ITALIENREISE VON 1786 BIS 1788

Teller mit Neptun auf dem Meer, Majolika von Urbino,
Werkstatt Fontana, nach 1550

Teller mit tiefem Spiegel, Majolika von Urbino,
Werkstatt Guido da Merlino, um 1545

Sultan Mohammed II., Bronzeguss von Bertoldo di Giovanni, nach 1476

prächtige Majoliken schmücken den Gelben Saal und weitere Räume des Vorderhauses. Sie wurden zumeist auf Nürnberger Auktionen erworben. Gemälde sammelte Goethe nicht – sie waren ihm zu teuer, der Platz zu knapp; diejenigen, die er besaß, waren zumeist Geschenke befreundeter Maler. Die größte und wertvollste Teilsammlung bestand in den grafischen Blättern. Über 9000 Stück zählte Goethe zu seinem Besitz. Betrachtet man den Sammler, so zeigt sich schnell, dass der Kreis der Teilnehmenden und Beisteuernden keineswegs auf Weimar beschränkt war. Eine große Anzahl von Briefen Goethes ging an Personen, die mit dem Erwerb oder dem Tausch befasst waren.

DIE ERSTE ITALIENREISE VON 1786 BIS 1788

Rund 20000 Briefe an Goethe sind überliefert – viele beziehen sich auf Kunst, auf Tausch oder Erwerb. Das Netz dieser Korrespondenzpartner erstreckt sich über ganz Europa. Betrachtet man den geografischen Rahmen, so hat Goethe zahlreiche Reisen im Geist absolviert. Auch im Goethehaus selbst vollzog sich ein europaweiter Diskurs. Friedrich Wilhelm Riemer überliefert, wie der Gastgeber am Frauenplan seine Kenntnisse an seine Besucher weitergab, in gesellig-lockerer Form: »Nach einer reinen Unterhaltung bei Tische ließ es Goethe nicht daran fehlen, von seinen Kunstschätzen dasjenige vorzulegen oder vorzuzeigen, was dem Geschmack und der Neigung des Beschauers gemäß sein könnte. Portefeuilles wurden herbeigeholt, Schränke geöffnet, um Zeichnungen, Kupferstiche, Majoliken, Münzen, Medaillen, Mineralien und dergleichen den Gästen vorzuweisen, und auch in gemischter Gesellschaft von Herren und Damen das jedem Angemessne zu beliebiger Betrachtung mitgeteilt.« Im Goethehaus am Frauenplan saß oft Europa am Tisch, diskutierten die Besucher mit dem Hausherrn Fragen der Kunst und des alten Kontinents.

Die größeren Reisen Goethes waren 1823 beendet. Nun wechselte die Perspektive: Jetzt waren es die Reisenden und Besucher, die zu Goethe kamen, um von ihren Reise- und Kunsterfahrungen zu berichten. Die Gesprächsthemen lenkte der Hausherr selbst nur zu gern auf Gegenden, Städte und Staaten, die er selbst nicht bereist hatte. Diese virtuellen Reisen waren dem Dichter stets hochwillkommen. Ein Beispiel bietet der 28. August, der 80. Geburtstag des rüstigen Greises: In den Räumen des Hauses hatte sich eine wahrhaft europäische Runde zusammengefunden, um den runden Geburtstag würdig zu begehen und bei dieser Gelegenheit gemeinsam interessierende kulturelle und politische Fragen zu bereden. Da waren versammelt der temperamentvolle Bildhauer Pierre Jean David d'Angers aus Paris, der bedächtige Astronom Lambert Adolphe Jacques Quetelet aus Brüssel, der deutsche Dramatiker Karl von Holtei, der Genfer Prinzenerzieher Frédéric Soret, einige englische Gäste und die beiden Polen Adam Mickiewicz, später Nationaldichter der Polen, und dessen Freund Antoni Edward Odyniec. Mickiewicz, schon hell strahlender Stern am Himmel der jungen polnischen Poesie, war wegen Hochverrats – er war konspirativ am Dekabristenaufstand 1825 gegen den russischen Zaren Nikolaus beteiligt gewesen – verurteilt und verbannt worden.

In dieser europäischen Diskussionsrunde standen europäische Gesprächsstoffe fast zwingend auf der Tagesordnung. Im Gelben Saal und den angrenzenden Zimmern ging die Rede um »wechselseitigen Austausch« nationaler Kulturen, um das Für und Wider der Goethe'schen »Weltliteratur«-These, um nationale Sympathien und Antipathien und die daraus resultierende Pflicht der »Höhergebildeten und Besseren«, »mildernd und versöhnend auf die Beziehungen der Völker einzuwirken«. Und wie modern, wie liberal, wie freiheitlich-europäisch klingt es nicht heute, wenn Goethe, gleichsam ein ethisches Postulat formulierend, anfügte, »der Freihandel der Begriffe und Gefühle steigere ebenso wie der

DIE ZWEITE ITALIENREISE 1790

Rialtobrücke in Venedig, Radierung von Antonio Canal, um 1745

Verkehr in Produkten und Bodenerzeugnissen den Reichtum und das allgemeine Wohlsein der Menschheit«. Prophetische Worte, die er da vor 190 Jahren gesprochen hat, und welche Katastrophen musste die europäische Geschichte erst über die Menschheit schicken, bis sich am Anfang des neuen Jahrtausends die vage Hoffnung aufbaut, dass es irgendwann einmal so sein könnte.

Die zweite Italienreise 1790 – Begleitung von Anna Amalia von Venedig zurück nach Weimar

Unter völlig anderen Umständen als 1786, da Goethe von Karlsbad aus erwartungsvoll und vor Italiensehnsucht fast krank nach Süden aufbrach, unternahm er vier Jahre später erneut eine Fahrt auf die Apenninenhalbinsel. Die Herzoginmutter Anna Amalia, die seit 1789 in Italien weilte, war auf Bitten

Johann Gottfried von Herder, Punktierstich von Johann Christian Ernst Müller, o. J.

der fürstlichen Familie abzuholen. Dieser Verpflichtung folgend, trat Goethe am 10. März 1790 die Reise an. Er reiste offiziell, begleitet vom Diener Paul Götze, der auch die herzogliche Halbchaise

DIE ZWEITE ITALIENREISE 1790

kutschierte. Die Reiseroute führte über Bamberg, Nürnberg, Augsburg, Innsbruck, Bozen, Verona und Vicenza nach Venedig, wo die Weimarer am 12. März glücklich anlangten. Hier wartete Goethe, die Zeit zu intensiven kultur- und kunstgeschichtlichen Studien nutzend, etwa acht Wochen lang auf die Ankunft der Herzoginmutter, die Mitte Mai eintraf. Am 22. Mai begann die gemeinsame Rückreise des herzoglichen Gefolges und Goethes nach Weimar, während der man noch Stationen in Padua, Vicenza und Mantua machte. Am 20. Juni, nach dreieinhalbmonatiger Reise, kam Goethe wieder in Weimar an, schon mit den Gedanken befasst, einen Monat später nach Schlesien zu reisen, wo ihn der Herzog im Feldlager erwartete.

Goethe hatte die Fahrt nach Italien »ohne rechten innerlichen Trieb« angetreten. Zum einen musste er erstmals die Geliebte Christiane Vulpius zurücklassen. Sein Sohn August hatte am 25. Dezember 1789 das Licht der Welt erblickt. Goethe musste darauf sehen, seine Familie aus der Ferne zu schützen – das Geklatsche um die »wilde Ehe« blühte. Am 12. März, zwei Tage nach der Abreise aus Weimar, schrieb er an Herder aus Jena: »Da man gegen das Ende weich und sorglich zu werden anfängt, so fiel mir erst ein, dass nach meiner Abreise mein Mädchen und mein Kleiner ganz und gar verlassen sind, wenn ihnen irgend etwas zustieße, worin sie sich nicht zu helfen wüssten. Ich habe ihr gesagt, sich in einem solchen äußersten Falle an Dich zu wenden. Verzeih.« Ein zweiter Grund für das Fehlen des »rechten innerlichen Triebs« war die Stofffülle der ersten italienischen Reise, die noch längst nicht aufgearbeitet war. Goethe trug sich mit dem Gedanken, gemeinsam mit Meyer daraus ein kompendiöses Werk über Italien zu verfassen.

Der Blick auf das bereiste Land war nun ein ganz anderer als 1786/88, und auch die Reise selbst wurde keineswegs so genau geplant wie vier Jahre zuvor. In Venedig beschäftigte sich Goethe so intensiv mit den zahlreichen Kunstschätzen, dass er irgendwann eine gewisse Übersättigung feststellte: »An Gemälden habe ich mich fast krank gesehen und wirklich eine Woche pausieren müssen«, resümierte er im Brief an Caroline Herder vom 4. Mai. Seine Ungeduld bis zur Ankunft der Herzoginmutter nahm beständig zu. Venedig erschien ihm nicht mehr als die Perle der Lagune, sondern als »Stein- und Wassernest«. Dem Volksleben stand er nach eigenen Worten diesmal viel kritischer, ja »intoleranter« gegenüber und besonders angesichts der vorgefundenen hygienischen Zustände zürnte er »gegen das Sauleben dieser Nation«. Die Hinreise war von schlechtem Wetter begleitet gewesen; auf der Rückreise war es wenigstens ab Tirol freundlich und angenehm.

Weimar empfing ihn mit offenen Armen, und auch die kleine Familie Goethes war wieder glücklich vereint. Die venezianische Reise zeigt deutlich, dass – wenn die Umstände widerstrebend waren – auch der Reisekünstler Goethe sich gegen ein neues Erleben sperrte. Heute bezeichnet eine Gedenktafel, die der Freundeskreis des Goethe-Nationalmuseums 2019 anbringen ließ, den Aufenthaltsort von Goethe an der Riva del Carbon, San Marco 4640–4642.

MISSGLÜCKTES TREFFEN VON HERMES UND GOETHE

Von höchst glaubwürdiger Seite ist mir die Mitteilung von einem Begegnen, das zwischen Goethe und Hermes sich ereignet habe, gemacht worden. Als Hermes nämlich von Goethes Anwesenheit in Breslau Kunde erhalten, gab er sich anfangs der Erwartung hin, dass dieser nicht lange zögern werde, ihm einen Besuch abzustatten. Doch als dieser nicht erfolgte, entschloss er sich endlich nach langem Hin- und Herüberlegen, selbst den ersten Schritt zu machen. Mit geziemender Würde, wird berichtet, stieg er die zu Goethes Wohnung führenden Stufen hinauf, als dieser raschen Schrittes dieselben herunterkommt und beide sich mitten auf der Treppe begegnen. Hermes, welcher Goethe bereits einmal gesehen, wusste sofort, wen er vor sich sähe, und lässt sich, da er bemerkt, dass Goethe an ihm vorübereilen will, zu der Anfrage herbei, ob er wohl den Dichter des »Werther« vor sich zu sehn die Ehre hätte. »Mein Name ist Goethe«, antwortet dieser kurz, »und wer sind Sie?« – »Ich bin der Verfasser von Sophiens Reise von Memel nach Sachsen.« – »Und der ist?«, fragte Goethe und setzte unbekümmert um das Schicksal des unglücklichen Hermes, der, in seinen gehegten Erwartungen bitter getäuscht, kein Wort hervorzubringen vermochte, seinen Weg fort.

(Hermann Wenzel, Goethe in Schlesien, 1790)

GOETHES REISEN DURCH EUROPA

Breslau, Radierung von F. B. Wernher, o. J.

Die Reise nach Schlesien 1790 – auf der Suche nach Anregungen für den Ilmenauer Bergbau

»Kaum habe ich mich von meiner venezianischen Reise erholt, so werde ich zu einer andern berufen, von der ich mir außer mancherlei Beschwerden viel Vergnügen und Nutzen verspreche, wo ich einmal statt der Steine und Pflanzen die Felder mit Kriegern besät finden werde«, las Carl Ludwig von Knebel im Brief vom 9. Juni 1790. Carl August, der als Generalmajor in preußischen Diensten stand, hatte in Schlesien im Frühjahr mit seinem Korps an Manövern teilgenommen, mit denen Preußen gegenüber Österreich militärische Macht demonstrieren wollte. Mit der im Juli 1790 abgeschlossenen Reichenbacher Konvention hatten die beiden rivalisierenden Feudalmächte jedoch ihre Diskrepanzen vorläufig beigelegt, sodass es in Schlesien zu keinerlei militärischen Auseinandersetzungen kam. Auch die polnische Teilung, die 1795 ganz Europa bewegte, war noch nicht abgeschlossen, gärte aber als unerhörtes Ereignis in der politischen Lage der Zeit. Goethe hatte also Zeit, eigene Ziele zu verfolgen. Unter anderem erhoffte er sich von den schlesischen Bergbauzentren unmittelbare Hinweise und Anregungen für den Ilmenauer Bergbau, mit dem er dienstlich befasst war.

Anfang August erreichte er das Lager des Herzogs, das sich in der Nähe von Schweidnitz (Świdnica) befand. An die Herders schrieb er am 10. August: »Seit dem Anfange des Monats bin ich nun in diesem zehnfach interessanten Lande, habe schon manchen Teil des Gebirgs und der Ebene durchstrichen und finde, dass es ein sonderbar schönes, sinnliches und begreifliches Ganze macht. Manche Unannehmlichkeit und Plage wird durch neue Begriffe und Ansichten vergütet.« Dass der sehr naturverbundene Goethe sich dem Dasein unter freiem Himmel und den Improvisationen des Lagerlebens schnell anzupassen vermochte, überrascht nicht. Lange aushalten musste er es allerding nicht.

Als der preußische König Friedrich Wilhelm II. vom Kriegsschauplatz eintraf, zog Goethe mit Carl

GOETHES REISEN DURCH EUROPA

Christiane und August von Goethe, Aquarell mit Grafit
von Johann Heinrich Meyer, 1792

August und seinen Offizieren ebenfalls in die Metropole Breslau. Von hier aus unternahm Goethe eine Reihe von Exkursionen. Die Stadt gefiel ihm nicht. Er fühlte sich zunehmend von dem »lärmenden, schmutzigen, stinkenden Breslau« eingeengt. Wie oft in solchen Situationen zog sich Goethe in seine eigene Welt zurück. Goethes Hauptinteresse in den Breslauer Tagen galt der Anatomie, womit er an

Forschungen in Weimar und Italien anschloss. Ende August unternahm er mit seinem Diener Paul Götze einen Ausritt in das Glatzer Bergland. Das Heuscheuergebirge und die bizarren Felsformationen bei Weckelsdorf-Adersbach wurden besucht. Nebenher schrieb der Reisende Anfang September einen Aufsatz »Über die Gestalt der Tiere«.

Bereits Anfang September erfolgte von Breslau aus der nächste Ritt ins Land, diesmal nach Oberschlesien und Westgalizien. Wieder stand der Bergbau im Mittelpunkt des Interesses. In Tarnowitz erblickte Goethe erstmals eine Dampfmaschine – die erste in Europa überhaupt –, mit deren Hilfe man das Grubenwasser leichter heben konnte. Die nächste Station waren die Salzbergwerke von Wieliczka in der Nähe von Krakau. Damit erreichte der weit Gereiste den östlichsten Punkt seines Lebens. Im Brief an das Ehepaar Herder vom 11. September zog Goethe eine sehr persönliche Bilanz: »Ich habe in diesen acht Tagen viel Merkwürdiges gesehen ... Auch bei mir hat sich die vis centripeta mehr als die vis centrifuga vermehrt. Es ist all und überall Lumperei und Lauserei, und ich habe gewiss keine eigentlich vergnügte Stunde, bis ich mit Euch zu Nacht gegessen und bei meinem Mädchen geschlafen habe. Wenn Ihr mich lieb behaltet, wenige Gute mir geneigt bleiben, mein Mädchen treu ist, mein Kind lebt, mein großer Ofen gut heizt, so hab ich vorerst nichts weiter zu wünschen.«

Reiseüberdruss, Sehnsucht nach der in Weimar wartenden Christiane und dem Sohn August, der Wunsch, den Freundeskreis wiederzusehen, und gewiss auch das in Oberschlesien und Galizien beobachtete Elend der polnischen Bauern und Bergarbeiter mögen die Ursachen für diese Worte gewesen sein. Am 19. September verließ Goethe Breslau, resümierend: »Ich habe in Schlesien manches Gute genossen.«

Kriegserlebnisse in Frankreich 1792

Lange schon vor dem Sturm auf die Bastille 1789 hatte Goethe die Ereignisse jenseits des Rheins aufmerksam beobachtet, hatte in mündlichem und schriftlichem Austausch mit Bekannten und Freunden sowie beim Studium der offiziellen Nachrichten das Herannahen gesellschaftlicher Umwälzungen in ganz Europa vorausgeahnt. In den »Venezianischen Epigrammen« von 1790 dichtete Goethe:

»Frankreichs traurig Geschick, die Großen
    mögen's bedenken;
Aber bedenken fürwahr sollen es Kleine
    noch mehr.
Große gingen zugrunde: doch wer
    beschützte die Menge
Gegen die Menge? Da war Menge der
    Menge Tyrann ...
Jene Menschen sind toll, so sagt ihr von
    heftigen Sprechern,
Die wir in Frankreich laut hören auf Straßen
    und Markt.
Mir auch scheinen sie toll; doch redet ein
    Toller in Freiheit
Weise Sprüche, wenn, ach! Weisheit im
    Sklaven verstummt.«

GOETHE UND DIE GESCHICHTE

Es ist wahr, ich konnte kein Freund der Französischen Revolution sein, denn ihre Gräuel standen mir zu nahe.

(Goethe, Gespräche mit Eckermann, 4. Januar 1824)

Nord und West und Süd zersplittern,
Throne bersten, Reiche zittern,
Flüchte du, im reinen Osten
Patriarchenluft zu kosten.

(Goethe, West-östlicher Divan, Hegire)

Diese Zeilen des Dichters waren eine Vorahnung der Terrorherrschaft, die auf die Revolution folgte. Die Jakobinerdiktatur führte zu den blutigen Ereignissen, die Goethes Abscheu vor der Revolution erweckten. Die prophetischen Worte des Dichters wurden zwei Jahre später, 1792, von der Realität überholt. Die Armeen der ersten Koalition zogen in der Folge gegen das jakobinische Frankreich. Am 27. August, einen Tag vor seinem 43. Geburtstag, erreichte Goethe das Feldlager von Longwy an der belgischen Grenze. Der Herzog hatte Goethe dorthin beordert. Schneller, als ihm lieb war, wurde er mit dem »Widerwärtigsten« konfrontiert, was er in seinem langen Leben jemals erlebt hatte: dem Krieg. Auf dem Weg nach Frankreich war es zu Begegnungen mit zahlreichen Freunden und Bekannten gekommen: »Von politischen Dingen war die Rede nicht, man fühlte, dass man sich wechselseitig zu schonen habe: denn wenn sie republikanische Gesinnungen nicht ganz verleugneten, so eilte ich offenbar, mit einer Armee zu ziehen, die eben diesen Gesinnungen und ihrer Wirkung ein entschiedenes Ende machen sollte.«

Im Lager angekommen, wurde Goethe sehr schnell von den trostlosen Umständen eingeholt. Erschüttert berichtet der Weimarer Zaungast von der »Zeltwüste«. Infolge eines Dauerregens hatten Pferde und Fuhrwerke den Boden in eine Schlammfläche verwandelt, über die mit einer Kutsche kaum ein Fortkommen möglich war. Die hygienischen Zustände waren katastrophal. Infolge eines gebrochenen Damms hatte Wasser allen Lagerunrat, Küchenabfälle, Eingeweide, Knochen und Fäkalien unter die Zelte gespült und das »widerwärtigste Unheil« angerichtet. Goethe beging seinen 43. Geburtstag somit »mitten in Regen und Kot«. Er habe, schrieb er später aus Verdun, »keine Zeit, hypochondrisch zu sein«. Bereits hier, das musste jedem Teilnehmer des Feldzugs dämmern, ging es um Leben und Tod. Auf die Besonderheiten des französischen Landes zu achten, hatte niemand Lust und Muße.

Am 12. September entschloss sich Goethe, die leichte Kutsche zurückzulassen und den weiteren Vormarsch zu Pferd zu begleiten. Mitten unter den Offizieren seines Herzogs erlebte der Weimarer Minister und Zivilist in vorderster Front, »was den Krieg für das Gemüt eigentlich verderblich macht«: das Leben »zwischen Ordnung und Unordnung, zwischen Erhalten und Verderben, zwischen Rauben und Bezahlen«.

Inzwischen war der 20. September 1792, der Tag der Entscheidung, herangekommen. Die sogenannte Kanonade von Valmy markierte das Ende des Ersten Koalitionskriegs, in dem die preußische Armee unterlag und den Rückzug antreten musste. Goethe, mit den weimarischen Kürassieren reitend, geriet mit einem Kavallerieregiment unter Artilleriebeschuss, wobei sich später herausstellte, dass es – die lange schon bei den Preußen zu beobachtende Verwirrung belegend – das Feuer einer eigenen Batterie gewesen war. Durch Zufall war nur eines der Pferde getötet worden, »da wir Übrigen, besonders auf dem äußersten rechten Flügel, eigentlich alle hätten umkommen müssen«.

GOETHES REISEN DURCH EUROPA

Kanonade von Valmy am 20. September 1792: Das preußische Heer unter dem Herzog von Braunschweig beschießt die Stellung des französischen Revolutionsheers, Radierung, um 1840

Goethe war leichtsinnig und versuchte sein Schicksal: Während des Vormarsches hatte er sich mit Farbstudien, aber auch mit menschlichen Verhaltensweisen in der Ausnahmesituation eines Krieges befasst. Um dem als »Kanonenfieber« bekannten Zustand auf den Grund zu gehen, ritt er in das unmittelbare Schussfeld beider Armeen hinein. Bei diesem »törichten Versuchsritt« durch den Kanonendonner, »umgeben vom Heulen, Pfeifen, Schmettern der Kugeln«, kam er durch reinen Zufall heil davon. Am Abend dieses denkwürdigen Tages bestätigte sich mit bestürzender Deutlichkeit, was sich schon auf dem Weg vom Lager bei Longwy bis nach Valmy mehrfach angedeutet hatte: Der Feldzug war an den

KRIEGSERLEBNISSE IN FRANKREICH 1792

Unzulänglichkeiten der preußischen Armeeführung, mehr aber noch am Patriotismus des französischen Revolutionsheeres gescheitert. »Noch am Morgen hatte man nicht anders gedacht, als die sämtlichen Franzosen anzuspießen und aufzuspeisen, ja mich selbst hatte das unbedingte Vertrauen auf ein solches Heer, auf den Herzog von Braunschweig, zur Teilnahme an dieser gefährlichen Expedition gelockt; nun aber ging jeder vor sich hin, man sah sich nicht an, oder wenn es geschah, so war es um zu fluchen oder zu verwünschen.« Goethe schließt seine Schilderung aus späterer Sicht mit den bekannten Worten: »Endlich rief man mich auf, was ich dazu denke, denn ich hatte die Schar gewöhnlich mit kurzen Sprüchen erheitert und erquickt; diesmal sagte ich: Von hier und heute geht eine neue Epoche der Weltgeschichte aus, und Ihr könnt sagen, Ihr seid dabei gewesen.«

Vom 21. September an verschlechterte sich von Tag zu Tag der Zustand der geschlagenen Armee: Wasser- und Brotmangel, Sturm und Regen, um sich greifende Krankheiten und Seuchen demoralisierten und dezimierten die zurückflutenden Truppenteile. Am 28. September wurde endlich Brot herangebracht. Da es jedoch verschimmelt war und innen »pomeranzenartig« aussah, erregte der Anblick nur »Angst und Ekel« und man fürchtete sich vor Vergiftungen.

Goethe erreichte mit Glück und Not am 14. Oktober die Festung Luxemburg, wo eine kurze Verschnaufpause eingelegt werden konnte. Dass der Dichter nur knapp dem Tode entronnen war, teilte

GOETHE ÜBER WEIMAR

Weimar hat den Ruhm einer wissenschaftlichen und kunstreichen Bildung über Deutschland, ja über Europa verbreitet; dadurch ward herkömmlich, sich in zweifelhaften literarischen und artistischen Fällen hier guten Rats zu erholen.

(Goethe an Christian Gottlob von Voigt, 18. Dezember 1815)

KRIEGSERLEBNISSE IN FRANKREICH 1792

er den befreundeten Herders nicht ohne Sarkasmus mit: »Ich für meine Person singe den lustigsten Psalm Davids dem Herrn, dass er mich aus dem Schlamme erlöst hat, der mir bis an die Seele ging.« Und er fuhr fort, seine Rückkehr nach Frankfurt als Reiseziel ins Auge fassend: »Ich eile nach meinen mütterlichen Fleischtöpfen, um von dort wie von einem bösen Traum zu erwachen, der mich zwischen Kot und Not, Mangel und Sorge, Gefahr und Qual, zwischen Trümmern, Leichen, Äsern und Scheißhaufen gefangen hielt.«

Über Trier und Koblenz, Düsseldorf und Duisburg, Münster und Kassel erfolgte die Rückreise. Am 16. Dezember traf er wieder in Weimar ein, eine nächtliche Begrüßungsszene hervorrufend. Nicht lange danach musste Goethe noch an der Belagerung von Mainz teilnehmen – auch dies auf herzoglichen Befehl.

Goethes Europa, das er selbst im Zuge seiner Reisen erlebte, war aus heutiger Sicht nicht groß. Die Schweiz, Böhmen und Italien hatte er intensiv kennengelernt. Neben den süddeutschen und mitteldeutschen Staaten, insbesondere dem Herzogtum/Großherzogtum Sachsen-Weimar-Eisenach und seiner Heimat Mainfranken, schloss er diese Länder besonders in sein Herz. Weitere Staaten bzw. Länder lernte Goethe unter den besonderen Bedingungen des Krieges kennen, so Polen und dann Frankreich. Die Erfahrungen dort konnten nur speziell und punktuell sein – immerhin waren es Zentren der europäischen Revolutionen und nachfolgender napoleonischer Kriege. Napoleon, der 2019 seinen

250. Geburtstag begangen hätte, wurde von Goethe verehrt und bewundert. Beide begegneten sich im September 1808. Man unterhielt sich ausführlich über Politik und Literatur – Napoleon kannte den »Werther« gut. Ihr beiderseitiges Verhältnis wurde in Deutschland zwiespältig bewertet: Vor allem die deutschen Patrioten, die in den Befreiungskriegen gegen die französische Besetzung Deutschlands gekämpft hatten, nahmen Goethes Haltung übel. Im Gespräch mit Eckermann vom 4. Januar 1824 gab Goethe eine differenzierte Sicht auf das Zeitgeschehen: »Es ist wahr, ich konnte kein Freund der Französischen Revolution sein, denn ihre Gräuel standen mir zu nahe und empörten mich täglich und stündlich, während ihre wohltätigen Folgen damals noch nicht zu ersehen waren ... Ebenso wenig war ich ein Freund herrischer Willkür. Auch war ich vollkommen überzeugt, dass irgendeine große Revolution nicht Schuld des Volkes ist, sondern der Regierung.« In Schlesien 1790 und in Frankreich 1792 wurde ihm das allmählich klar. Der Dichter formulierte zugespitzt in den »Venezianischen Epigrammen«:

»Hat mich Europa gelobt, was hat mir
    Europa gegeben?
Nichts! Ich habe, wie schwer! meine
    Gedichte bezahlt.«

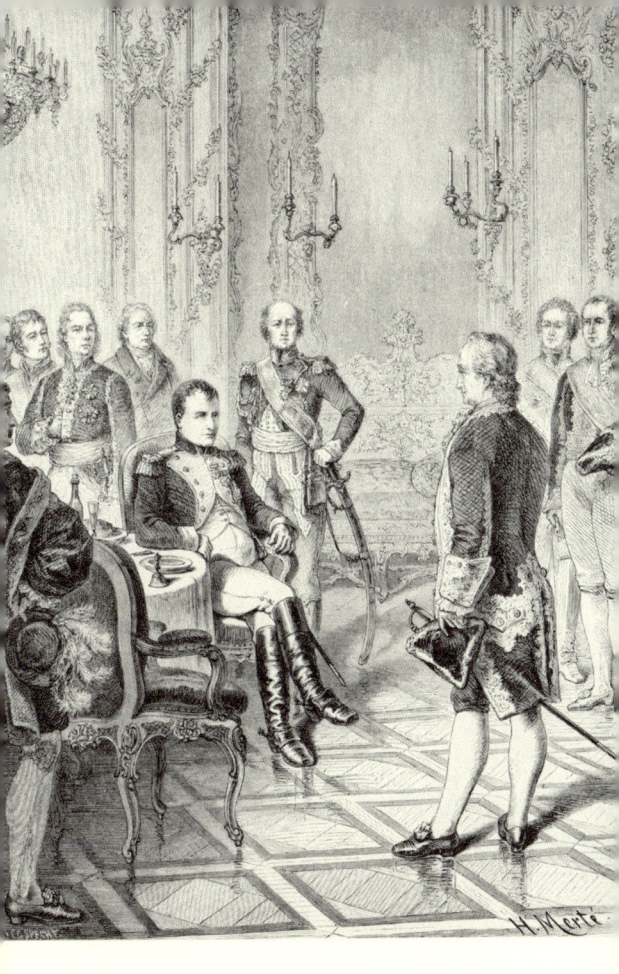

Zusammenkunft von Goethe und Napoleon, Holzstich von Carl Gottlob Specht, 2. Hälfte des 19. Jahrhunderts

KALENDARIUM

JANUAR

1. **FREITAG | NEUJAHR**
   Und nun soll Geist und Herz entbrennen,
   Vergangnes fühlen, Zukunft schaun.

2. **SAMSTAG**
   Es ist ein großer Unterschied, ob ich lese zu
   Genuss und Belebung oder zu Erkenntnis und
   Belehrung.

JANUAR

3. SONNTAG
Und so werdet ihr vernehmen:
Dass der Mensch, mit sich zufrieden,
Gern sein Ich gerettet sähe,
So da droben wie hienieden.

4. MONTAG
Was soll aus dem Dichter werden, wenn es
nicht hohe, mächtige, kluge, tätige, schöne und
geschickte Menschen gäbe, an deren Vorzügen
er sich auferbauen kann?

5. DIENSTAG
Das Echte bleibt der Nachwelt unverloren.

6. MITTWOCH | HEILIGE DREI KÖNIGE
Es gibt viele Menschen, die sich einbilden,
was sie erfahren, das verstünden sie auch.

7. DONNERSTAG
Verhältnisse nach außen machen unsere
Existenz und rauben sie zugleich, und doch
muss man sehen, wie man so durchkommt,
denn sich … gänzlich zu isolieren, ist auch
nicht ratsam.

8. FREITAG
Erquickung hast du nicht gewonnen,
Wenn sie dir nicht aus eigner Seele quillt.

9. SAMSTAG
Das Gedichtete behauptet sein Recht wie das
Geschehene.

JANUAR

10. SONNTAG

Gar viele Länder hab ich bereist,
Gesehen Menge von Menschen allermeist,
Die Winkel sogar hab ich wohl bedacht,
Ein jeder Halm hat mir Körner gebracht.

11. MONTAG

Eben, wenn man alt ist, muss man zeigen,
dass man noch Lust zu leben hat.

12. DIENSTAG

Wenn des Dichters Mühle geht,
Halte sie nicht ein:
Denn wer einmal uns versteht
Wird uns auch verzeihn.

13. MITTWOCH

Man ist sehr übel dran, dass man den Ärzten
nicht recht vertraut und doch ohne sie sich gar
nicht zu helfen weiß.

14. DONNERSTAG

Der Mensch, der Gewalt über sich hat und
behauptet, leistet das Schwerste und Größte.

15. FREITAG

Es geht eins nach dem andern hin,
Und auch wohl vor dem andern;
Drum lasst uns rasch und brav und kühn
Die Lebenswege wandern.

16. SAMSTAG

Willst du besser sein als wir, lieber Freund,
so wandre.

JANUAR

17. SONNTAG
Der Charakter verhält sich zum Schönen
wie das Skelett zum lebendigen Menschen.

18. MONTAG
Dicke Bücher! Vieles Wissen!
Ach! Was werd ich lernen müssen!
Will es nicht in Kopf hinein,
Mag es doch im Buche sein.

19. DIENSTAG
Die Weisheit ist nur in der Wahrheit.

20. MITTWOCH | 208. TODESTAG WIELANDS
Denken und Tun, Tun und Denken, das ist die
Summe aller Weisheit, von jeher anerkannt, von
jeher geübt, nicht eingesehen von einem jeden.

21. DONNERSTAG
Nicht überall, wo Wasser ist, sind Frösche;
aber wo man Frösche hört, ist Wasser.

22. FREITAG
Falsch Gebild und Wort
Verändern Sinn und Ort!

23. SAMSTAG
Wer Freude will, besänftige sein Blut …

JANUAR

24. SONNTAG

Was man zu heftig fühlt, fühlt man nicht allzu lang.

25. MONTAG

Nun schaut der Geist nicht vorwärts, nicht zurück;
Die Gegenwart allein – ist unser Glück.

26. DIENSTAG

Zu dringen und zu weichen,
Das ist die größte Kunst,
Und so zu überschleichen
Das Glück und seine Gunst.

27. MITTWOCH

So viel ist gewiss, dass beide, Klugheit und Mut, das Glück über sich erkennen müssen.

28. DONNERSTAG

Mancher klopft mit dem Hammer an der Wand herum und glaubt, er treffe jedes Mal den Nagel auf den Kopf.

29. FREITAG

Ich verlange nicht, dass alles Genuss sei, ich suche nur alles zu nützen, und das gerät mir.

30. SAMSTAG

Man sagt: »Eitles Eigenlob stinkt;« das mag sein; was aber fremder und ungerechter Tadel für einen Geruch habe, dafür hat das Publikum keine Nase.

JANUAR

31. SONNTAG

Es bleibt wohl dabei, meine Lieben, dass ich ein Mensch bin, der von der Mühe lebt.

FEBRUAR

1. MONTAG
   Ein lustiger Gefährte ist ein Rollwagen auf der Wanderschaft.

2. DIENSTAG
   Die reinste Freude, die man an einer geliebten Person finden kann, ist die, zu sehen, dass sie andere erfreut.

3. MITTWOCH
   Die ganze Geschichte mit dem Genie ist, dass die Menschen einmal einem gestatten, was sie sich untereinander selbst nicht gestatten, nämlich dass einmal einer ganz sein darf, was er will und Lust hat.

4. DONNERSTAG
   Die Vorsicht ist einfach, die Hinterdreinsicht vielfach.

5. FREITAG
   Wenn einer zu Fuße, ohne recht zu wissen warum und wohin, in die Welt lief, so hieß dies [im Sturm und Drang] eine Geniereise, und wenn einer etwas Verkehrtes ohne Zweck und Nutzen unternahm, ein Geniestreich.

6. SAMSTAG
   Alles Gescheite ist schon gedacht worden; man muss nur versuchen, es noch einmal zu denken.

FEBRUAR

7. SONNTAG
Der Handelnde ist immer gewissenlos; es hat niemand Gewissen als der Betrachtende.

8. MONTAG
Was ich in dem Kämmerlein
Still und fein gesponnen,
Kommt – wie kann es anders sein? –
Endlich an die Sonnen.

9. DIENSTAG
Man hat Gewalt, so hat man Recht.
Man fragt ums Was und nicht ums Wie.

10. MITTWOCH
Das Gleichgewicht in den menschlichen Handlungen kann leider nur durch Gegensätze hergestellt werden.

11. DONNERSTAG
Der Irrtum verhält sich gegen das Wahre wie der Schlaf gegen das Wachen. Ich habe bemerkt, dass man aus dem Irren sich wie erquickt wieder zu dem Wahren hinwende.

12. FREITAG
Das Glück
Und nicht die Sorge bändigt die Gefahr.

13. SAMSTAG
Allein kann der Mensch nicht wohl bestehen, daher schlägt er sich gern zu einer Partei, weil er da, wenn auch nicht Ruhe, doch Beruhigung und Sicherheit findet.

FEBRUAR

14. SONNTAG
Wie sonst in Sorgen immer neue Sorgen,
So liegt im Glück jetzt neues Glück verborgen.

15. MONTAG | ROSENMONTAG
Vom Vater hab ich die Statur,
Des Lebens ernstes Führen,
Vom Mütterchen die Frohnatur
Und Lust zu fabulieren.

16. DIENSTAG | FASTNACHT
Sage mir, mit wem du umgehst, so sage ich dir, wer du bist; weiß ich, womit du dich beschäftigst, so weiß ich, was aus dir werden kann.

17. MITTWOCH | ASCHERMITTWOCH
Überhaupt kann ich wohl sagen, dass ich von allem dem, was seit fünfzig Jahren gegen mich gewirkt wird, großen Nutzen gezogen; denn ich lernte dadurch meine Nation kennen …

18. DONNERSTAG
Ein großer Fehler: dass man sich mehr dünkt, als man ist, und sich weniger schätzt, als man wert ist.

19. FREITAG
Es gibt zwei friedliche Gewalten: das Recht und die Schicklichkeit.

20. SAMSTAG
Wer Gründe anhört, kommt in Gefahr, nachzugeben.

FEBRUAR

21. SONNTAG
Handeln ist leicht, Denken schwer; nach dem Gedanken handeln unbequem …

22. MONTAG
Immer niedlich, immer heiter,
Immer lieblich und so weiter,
Stets natürlich, aber klug;
Nun das, dächt ich, wär genug.

23. DIENSTAG
Es wäre nicht der Mühe wert, siebzig Jahre alt zu werden, wenn alle Weisheit der Welt Torheit wäre vor Gott.

24. MITTWOCH
Wer sich mit irgendeiner Kenntnis abgibt, soll nach dem Höchsten streben.

25. DONNERSTAG
Hoffnung ist die zweite Seele der Unglücklichen.

26. FREITAG
Was einem angehört, wird man nicht los, und wenn man es wegwürfe.

27. SAMSTAG
O! Lass die Jammerklagen,
Da nach den schlimmsten Tagen
Man wieder froh genießt.

28. SONNTAG

Wer wird die Klugheit tadeln? Jeder Schritt
Des Lebens zeigt, wie sehr sie nötig sei;
Doch schöner ist's, wenn uns die Seele sagt,
Wo wir der feinen Vorsicht nicht bedürfen.

MÄRZ

1. MONTAG
Kühnheit, sich in Besitz zu setzen, balanciert
allein die Möglichkeit der Unfälle.

2. DIENSTAG
Denn ein vollkommner Widerspruch
Bleibt gleich geheimnisvoll für Kluge wie für
Toren.

3. MITTWOCH
Jedes gute und schlechte Kunstwerk, sobald es
entstanden ist, gehört zur Natur.

4. DONNERSTAG
Stündlich seh ich mehr, dass man sich aus
diesem Strome des Lebens ans Ufer retten,
drinnen mit allen Kräften arbeiten oder ersaufen
muss.

5. FREITAG
Könnt ich Magie von meinem Pfad entfernen,
Die Zaubersprüche ganz und gar verlernen,
Stünd ich, Natur, vor dir ein Mann allein,
Da wär's der Mühe wert, ein Mensch zu sein!

6. SAMSTAG
Liebesqual verschmäht mein Herz,
Sanften Jammer, süßen Schmerz;
Nur vom Tüchtgen will ich wissen,
Heißem Äuglen, derben Küssen.

MÄRZ

7. SONNTAG
Am besten geschäh dir,
Du legtest dich nieder,
Erholtest im Kühlen
Ermüdete Glieder,
Genössest der immer
Dich meidenden Ruh;
Wir säuseln, wir rieseln,
Wir flüstern dir zu.

8. MONTAG
Der Umgang mit Frauen ist das Element guter Sitten.

9. DIENSTAG
Ihr glücklichen Augen,
Was je ihr gesehn,
Es sei, wie es wolle,
Es war doch so schön.

10. MITTWOCH
Schön und menschlich ist der Geist,
Der uns in das Freie weist ...

11. DONNERSTAG
Der Gedanke lässt sich nicht vom Gedachten,
der Wille nicht vom Bewegten trennen.

12. FREITAG
Soll ich dir die Gegend zeigen,
Musst du erst das Dach besteigen.

13. SAMSTAG
Die Hütte wird durch dich ein Himmelreich.

MÄRZ

14. SONNTAG
Und doch lässt sich die Gegenwart ihr
ungeheures Recht nicht rauben.

15. MONTAG
Was muss geschehn, mags gleich geschehn ...

16. DIENSTAG
Wenn man einmal weiß, worauf alles
ankommt, hört man auf, gesprächig zu sein.

17. MITTWOCH
Dem Tüchtigen ist diese Welt nicht stumm!
Was braucht er in die Ewigkeit zu schweifen?
Was er erkennt, lässt sich ergreifen.

18. DONNERSTAG
Wir sehn ja, dem Gewaltigen, dem Klugen,
Steht alles wohl, und er erlaubt sich alles.

19. FREITAG
Der ist am glücklichsten, er sei
Ein König oder ein Geringer, dem
In seinem Hause Wohl bereitet ist.

20. SAMSTAG
Manches hab ich gefehlt in meinem Leben,
doch keinen hab ich belistet.

MÄRZ

21. SONNTAG
Es ist gar schön, an einem Orte fremd sein,
und doch so notwendig, eine Heimat zu haben.

22. MONTAG | 189. TODESTAG GOETHES
Und so beweisen Anekdoten des Privatlebens
wie der Weltgeschichte, dass wir uns
eigentlich mit Albernheiten, Gefahr und Not
herumschlagen und herumschlagen werden.

23. DIENSTAG
Die Menge schwankt im ungewissen Geist;
Dann strömt sie nach, wohin der Strom sie
reißt.

24. MITTWOCH
Zum Lichte des Verstandes können wir
gelangen, aber die Fülle des Herzens kann uns
niemand geben.

25. DONNERSTAG
Man kann die Nützlichkeit einer Idee
anerkennen und doch nicht recht verstehen,
sie vollkommen zu nutzen.

26. FREITAG
Sein Jahrhundert kann man nicht verstehen,
aber man kann sich dagegenstellen und
glückliche Wirkungen vorbereiten.

27. SAMSTAG
Wer schildert gern den Wirrwarr des Gefühles,
Wenn ihn der Weg zur Klarheit aufgeführt?

MÄRZ

28. SONNTAG
Das Leben vieler Menschen besteht aus Klatschigkeiten, Tägigkeiten, Intrige zu momentaner Wirkung.

29. MONTAG
Sollen dich die Dohlen nicht umschrein,
Musst nicht Knopf auf dem Kirchturm sein.

30. DIENSTAG
Das Leben ist ein Gänsespiel:
Je mehr man vorwärts gehet,
Je früher kommt man an das Ziel,
Wo niemand gerne stehet.

31. MITTWOCH
Das tägliche Leben ist, wie gesagt, lehrreicher als das wirksamste Buch.

APRIL

1. **DONNERSTAG | GRÜNDONNERSTAG**
   Das Leben ist kurz, man muss sich einander einen Spaß zu machen suchen.

2. **FREITAG | KARFREITAG**
   … wer mag sich nicht gern in einem wohlwollenden Spiegel beschauen?

3. **SAMSTAG | KARSAMSTAG**
   Das Beste ist die tiefe Stille, in der ich gegen die Welt lebe und wachse und gewinne, was sie mir mit Feuer und Schwert nicht nehmen können.

APRIL

4. **SONNTAG | OSTERSONNTAG**
   Christ ist erstanden!
   Freude dem Sterblichen,
   Den die verderblichen
   Schleichenden, erblichen
   Mängel umwanden!

5. **MONTAG | OSTERMONTAG**
   Christ ist erstanden!
   Selig der Liebende,
   Der die betrübende
   Heilsam' und übende
   Prüfung bestanden!

6. **DIENSTAG**
   Lässt sich einer zur Tafel läuten,
   Das Essen hat wenig zu bedeuten.

7. **MITTWOCH**
   Freiheit ist ein herrlicher Schmuck, der schönste von allen,
   Und doch steht er, wir sehn's, wahrlich nicht jeglichem an.

8. **DONNERSTAG**
   Ach, warum versäumt man so viele Augenblicke, Freunden wohlzutun.

9. **FREITAG**
   Gedichte sind gemalte Fensterscheiben!

10. **SAMSTAG | 214. TODESTAG ANNA AMALIAS**
    Auf dem Gipfel der Zustände hält man sich nicht lange.

APRIL

11. SONNTAG
Das eigentliche, einzige und tiefste Thema der Welt- und Menschengeschichte, dem alle übrigen untergeordnet sind, bleibt der Konflikt des Unglaubens und Glaubens.

12. MONTAG
Unter uns, ich bin einer von den geduldigen Poeten, gefällt euch das Gedicht nicht, so machen wir ein anders.

13. DIENSTAG
Ich will nicht hoffen und fürchten wie ein gemeiner Philister, daher ist das Geschwätz der Ärzte und ihr Trösten mir am allermeisten zuwider.

14. MITTWOCH
… es liegt nun einmal in meiner Natur, ich will lieber eine Ungerechtigkeit begehen als Unordnung ertragen.

15. DONNERSTAG
Um Guts zu tun, braucht's keiner Überlegung.

16. FREITAG
Ich dächte, man überließe die Liebhaberei, Heiraten zu stiften, Personen, die sich liebhaben.

17. SAMSTAG
Die himmlischen und die irdischen Dinge sind ein so weites Reich, dass die Organe aller Wesen zusammen es nur erfassen mögen.

APRIL

18. SONNTAG
Wem es aber bitterer Ernst ist mit dem Leben,
der kann kein Humorist sein.

19. MONTAG
Im Deutschen lügt man, wenn man höflich ist.

20. DIENSTAG
Ich merke wohl: Es steckt der Irrtum an.

21. MITTWOCH
Die Wahrheit zu ergründen,
Spannt ihr vergebens euer blöd Gedicht!
Das Wahre wäre leicht zu finden;
Doch eben das genügt euch nicht.

22. DONNERSTAG
Wer sich an eine falsche Vorstellung gewöhnt,
dem wird jeder Irrtum willkommen sein.

23. FREITAG
Sobald ein frisches Kelchlein blüht,
Es fordert neue Lieder;
Und wenn die Zeit verrauschend flieht,
Jahrszeiten kommen wieder.

24. SAMSTAG
Wer jung verbleiben will,
Denk, dass er mache,
Und wenn's nicht Kinder sind,
In anderm Fache.

APRIL

25. SONNTAG
Wer sich kennt, kann sicher vor- und rückwärts gehen.

26. MONTAG
Wir sind nicht klein, wenn die Umstände uns zu schaffen machen, nur wenn sie uns überwältigen.

27. DIENSTAG
O nein! die Kraft ist schwach, allein die Lust ist groß.

28. MITTWOCH
Du im Leben nichts verschiebe;
Sei dein Leben Tat um Tat!

29. DONNERSTAG
Das Äußerste liegt der Leidenschaft zuallernächst.

30. FREITAG
In einem Augenblick gewährt die Liebe,
Was Mühe kaum in langer Zeit erreicht.

MAI

1. SAMSTAG | MAIFEIERTAG
   Die reitenden Helden vom festen Land
   Haben jetzt gar viel zu bedeuten;
   Doch stünd es ganz in meiner Hand,
   Ein Meerpferd möcht ich reiten.

MAI

2. SONNTAG
   Es lacht der Mai!
   Der Wald ist frei
   Von Eis und Reifgehänge.

3. MONTAG
   Ein kleiner Mann ist auch ein Mann.

4. DIENSTAG
   Die Menschen können nichts mäßig tun,
   sie müssen sich immer auf eine Seite legen.

5. MITTWOCH
   Viele verwechseln gar die Mittel und den
   Zweck, erfreuen sich an jenem, ohne diesen im
   Auge zu behalten.

6. DONNERSTAG
   Wenn man zu Hause den Menschen so vieles
   nachsähe, als man auswärts tut, man könnte
   einen Himmel um sich verbreiten.

7. FREITAG
   Die Nachtigall, sie war entfernt,
   Der Frühling lockt sie wieder;
   Was Neues hat sie nicht gelernt,
   Singt alte liebe Lieder.

8. SAMSTAG
   Das Neue reizt.

MAI

9. SONNTAG | 216. TODESTAG SCHILLERS
Ordnung und Klarheit vermehrt die Lust zu sparen und zu erwerben.

10. MONTAG
… wer etwas unternimmt und leistet, denkt er wohl an den Ort, wo es geschieht?

11. DIENSTAG
Übrigens ist mir alles verhasst, was mich bloß bekehrt, ohne meine Tätigkeit zu vermehren oder unmittelbar zu beleben.

12. MITTWOCH
Hier hilft nun weiter kein Bemühn!
Sind Rosen, und sie werden weiter blühn.

13. DONNERSTAG | CHRISTI HIMMELFAHRT
Sobald Menschen von scharfen frischen Sinnen auf Gegenstände aufmerksam gemacht werden, findet man sie zu Beobachtungen so geneigt als geschickt.

14. FREITAG
Was einmal gut gedacht und gesagt ist, soll man beruhen lassen und nichts daran ändern.

15. SAMSTAG
Denn Bescheidenheit ist fein,
Wenn das Mädchen blüht,
Sie will zart geworben sein,
Die den Rohen flieht.

MAI

16. SONNTAG
In der Beschränkung zeigt sich erst der Meister.

17. MONTAG
Sie sind voll Honig, die Blumen;
Aber die Biene nur findet die Süßigkeit aus.

18. DIENSTAG
Einseitige Bildung ist keine Bildung. Man muss zwar von einem Punkte aus-, aber nach mehreren Seiten hingehen.

19. MITTWOCH
Blasen ist nicht flöten, ihr müsst die Finger bewegen.

20. DONNERSTAG
O blicke nicht nach dem, was jedem fehlt;
Betrachte, was noch einem jeden bleibt!

21. FREITAG
Ein dürres Blatt im Wind getrieben,
Sieht öfters einem Vogel gleich.

22. SAMSTAG
Briefe hebt man auf, um sie nie wieder zu lesen; man zerstört sie zuletzt einmal durch Diskretion, und so verschwindet der schönste, unmittelbarste Lebenshauch unwiederbringlich für uns und andere.

MAI

23. SONNTAG | PFINGSTSONNTAG
… was Charakter sei, lässt sich nicht nachweisen.

24. MONTAG | PFINGSTMONTAG
Eine Chronik schreibt nur derjenige, dem die Gegenwart wichtig ist.

25. DIENSTAG
Wer sich nach der Decke streckt,
Dem bleiben die Füsse unbedeckt.

26. MITTWOCH
Wer das Dichten will verstehen,
Muss ins Land der Dichtung gehen;
Wer den Dichter will verstehen,
Muss in Dichters Lande gehen.

27. DONNERSTAG
Ein Edelstein ist das herrlichste Werk der toten Natur, aber er ist tot; und die eifrigste Betrachtung davon ist doch immer kalt …

28. FREITAG
Ehre, die uns hoch erhebt,
Führt vielleicht aus Maß und Schranken:
Liebe, die im Innern lebt,
Sammelt schwärmende Gedanken.

29. SAMSTAG
Die Eigenliebe lässt uns sowohl unsere Tugenden als unsere Fehler viel bedeutender, als sie sind, erscheinen.

30. SONNTAG

Auf das empfindsame Volk hab ich nie was gehalten, es werden, kommt die Gelegenheit, nur schlechte Gesellen daraus.

31. MONTAG

Im Laufe des frischen Lebens erduldet man viel, es sei nun vom Veraltetem oder Überneuen.

JUNI

1. **DIENSTAG**
   Jeden Tag hat man Ursache, die Erfahrung
   aufzuklären und den Geist zu reinigen.

2. **MITTWOCH**
   Was du ererbt von deinen Vätern hast,
   Erwirb es, um es zu besitzen!

3. **DONNERSTAG | FRONLEICHNAM**
   Alles kann der Edle leisten,
   Der versteht und rasch ergreift.

4. **FREITAG**
   Erkenne dich! – Was soll das heißen?
   Es heißt: Sei nur! Und sei auch nicht!
   Es ist eben ein Spruch der lieben Weisen,
   Der sich in der Kürze widerspricht.

5. **SAMSTAG**
   Manches ist dem Menschen zugängig, manches
   nicht; einiges erreichbar auf diese, anderes auf
   jene Weise.

JUNI

6. SONNTAG
Wenn Geister spuken, geh er seinen Gang,
Im Weiterschreiten find er Qual und Glück,
Er, unbefriedigt jeden Augenblick!

7. MONTAG
Es ist besser, du glaubst an das Falsche, als du zweifelst am Wahren …

8. DIENSTAG
Es sind zwei Gefühle die schwersten zu überwinden: gefunden zu haben, was schon gefunden ist, und nicht gefunden zu sehen, was man hätte finden sollen.

9. MITTWOCH
Tausend Fliegen hatt ich am Abend erschlagen,
Doch weckte mich eine beim frühesten Tagen.

10. DONNERSTAG
Freiheit ist nichts als die Möglichkeit, unter allen Bedingungen das Vernünftige zu tun.

11. FREITAG
Frömmigkeit ist kein Zweck, sondern ein Mittel, um durch die reinste Gemütsruhe zur höchsten Kultur zu gelangen.

12. SAMSTAG
Man ist nur eigentlich lebendig, wenn man sich des Wohlwollens andrer freut.

JUNI

13. SONNTAG
Nur uns Armen, die wir wenig oder nichts besitzen, ist es gegönnt, das Glück der Freundschaft in reichem Maße zu genießen.

14. MONTAG | 193. TODESTAG CARL AUGUSTS
Bleibe nicht am Boden haften,
Frisch gewagt und frisch hinaus!
Kopf und Arm mit heitern Kräften,
Überall sind sie zu Haus …

15. DIENSTAG
Der Bach ist dem Müller befreundet, dem er nutzt, und er stürzt gern über die Räder; was hilft es ihm, gleichgültig durchs Tal hinzuschleichen?

16. MITTWOCH
Tief und ernstlich denkende Menschen haben gegen das Publikum einen bösen Stand.

17. DONNERSTAG
Was ist das Allgemeine? Der einzelne Fall.
Was ist das Besondere? Millionen Fälle.

18. FREITAG
Wenn man älter und die Welt enger wird, denkt man denn freilich manchmal mit Wunder an die Zeiten, wo man sich zum Zeitvertreibe Freunde verscherzt …

19. SAMSTAG
Wer sich in die Welt fügt, wird finden, dass sie sich gern in ihn finden mag. Wer dieses nicht empfindet oder lernt, wird nie zu irgendeiner Zufriedenheit gelangen.

JUNI

20. SONNTAG
Das Närrischste ist, dass jeder glaubt, überliefern zu müssen, was man gewusst zu haben glaubt.

21. MONTAG
Die größten Schwierigkeiten liegen da, wo wir sie nicht suchen.

22. DIENSTAG
Altes Fundament ehrt man, darf aber das Recht nicht aufgeben, irgendwo wieder einmal von vorn zu gründen.

23. MITTWOCH
Armut ist die größte Plage,
Reichtum ist das höchste Gut!

24. DONNERSTAG
Tages Arbeit! Abends Gäste!
Saure Wochen! Frohe Feste!
Sei dein künftig Zauberwort.

25. FREITAG
… die Gebirge sind stumme Meister und machen schweigsame Schüler.

26. SAMSTAG
Große Gedanken und ein reines Herz, das ist's, was wir uns von Gott erbitten sollen!

JUNI

27. SONNTAG
Eine richtige Antwort ist wie ein lieblicher Kuss.

28. MONTAG
Darum an dem langen Tage
Merke dir es, liebe Brust:
Jeder Tag hat seine Plage,
Und die Nacht hat ihre Lust.

29. DIENSTAG
… der Kühne sucht die Gefahr auf
Und erfreut sich mit ihr …

30. MITTWOCH
Mögen Wünsche für dein Glück
Tausendfach erscheinen;
Grüße sie mit heitrem Blick,
Und voran die meinen.

JULI

1. **DONNERSTAG**
   Welche Schrift ich zwei-, ja dreimal
   hintereinander lese? Das herzliche Blatt, das
   die Geliebte mir schreibt.

2. **FREITAG**
   Leben muss man und lieben; es endet Leben
   und Liebe.
   Schnittest du, Parze, doch nur beiden die Fäden
   zugleich.

3. **SAMSTAG**
   Es ist ganz einerlei, ob man das Wahre oder
   das Falsche sagt: Beidem wird widersprochen.

JULI

4. SONNTAG
Wie viele Jahre muss man nicht tun, um nur einigermaßen zu wissen, was und wie es zu tun sei.

5. MONTAG
Ein frischer Gehalt geht nicht in die alte Form.

6. DIENSTAG
Wir wandeln alle in Geheimnissen. Wir sind von einer Atmosphäre umgeben, von der wir noch gar nicht wissen, was sich alles in ihr regt und wie es mit unserm Geiste in Verbindung steht.

7. MITTWOCH
Der Geist, aus dem wir handeln, ist das Höchste.

8. DONNERSTAG
Wo fehlts nicht irgendwo auf dieser Welt?
Dem dies, dem das, hier aber fehlt das Geld.
Vom Estrich zwar ist es nicht aufzuraffen;
Doch Weisheit weiß das Tiefste herzuschaffen.

9. FREITAG
Ein schäbiges Kamel trägt immer noch die Lasten vieler Esel.

10. SAMSTAG
Wenn die Affen es dahin bringen könnten, Langeweile zu haben, so könnten sie Menschen werden.

JULI

11. SONNTAG
Immer strebe zum Ganzen, und kannst du selber kein Ganzes
Werden, als dienendes Glied schließ an ein Ganzes dich an.

12. MONTAG
Wenn mir eine Sache missfällt, so lass ich sie liegen oder mache sie besser.

13. DIENSTAG
Was man erfindet, tut man mit Liebe, was man gelernt hat, mit Sicherheit.

14. MITTWOCH
Was im Leben uns verdrießt,
Man im Bilde gern genießt.

15. DONNERSTAG
Zur Methode wird nur der getrieben, dem die Empirie lästig wird.

16. FREITAG
Denn was nicht gesellig gesungen werden kann, ist wirklich kein Gesang, wie ein Monolog kein Drama.

17. SAMSTAG
Gar vieles kann, gar vieles muss geschehn,
Was man mit Worten nicht bekennen darf.

JULI

18. SONNTAG
Eine innere Geselligkeit mit Neigung … wird durch eine größere Gesellschaft immer nur unangenehm unterbrochen.

19. MONTAG
Wir fassen ein Gesetz begierig an,
Das unsrer Leidenschaft zur Waffe dient.

20. DIENSTAG
In der Gewohnheit ruht das einzige Behagen des Menschen; selbst das Unangenehme, woran wir uns gewöhnen, vermissen wir ungern.

21. MITTWOCH
Wenn zwei Meister derselben Kunst in ihrem Vortrag voneinander differieren, so liegt wahrscheinlicherweise das unauflösliche Problem in der Mitte zwischen beiden.

22. DONNERSTAG
So will der Spitz aus unserm Stall
Uns immerfort begleiten,
Und seines Bellens lauter Schall
Beweist nur, dass wir reiten.

23. FREITAG
Januar, Februar, März,
Du bist mein liebes Herz.
Mai, Juni, Juli, August,
Mir ist nichts mehr bewusst.

24. SAMSTAG
Der Mensch erfährt, er sei auch, wer er mag,
Ein letztes Glück und einen letzten Tag.

JULI

25. SONNTAG
Keimt ein Glaube neu,
Wird oft Lieb und Treu
Wie ein böses Unkraut ausgerauft.

26. MONTAG
Himmelhoch jauchzend,
Zum Tode betrübt –
Glücklich allein
Ist die Seele, die liebt.

27. DIENSTAG
Da steh ich nun, ich armer Tor,
Und bin so klug als wie zuvor!

28. MITTWOCH
Wenn ich weiß, was eine Sache kostet,
so schmeckt mir kein Bissen.

29. DONNERSTAG
Lass Neid und Missgunst sich verzehren,
Das Gute werden sie nicht wehren.
Denn, Gott sei Dank! Es ist ein alter Brauch;
So weit die Sonne scheint, so weit erwärmt sie
    auch.

30. FREITAG
Willst du nichts Unnützes kaufen,
Musst du nicht auf den Jahrmarkt laufen.

31. SAMSTAG
Das Rechte, das ich viel getan,
Das ficht mich nun nicht weiter an;
Aber das Falsche, das mir entschlüpft,
Wie ein Gespenst mir vor Augen hüpft.

AUGUST

1. **SONNTAG**
   Nur halte von hängenden Köpfen dich fern
   Und lebe dir immer von vornen.

2. **MONTAG**
   Dass Menschen dasjenige noch zu können
   glauben, was sie gekonnt haben, ist natürlich
   genug; dass andere zu vermögen glauben, was
   sie nie vermochten, ist wohl seltsam, aber nicht
   selten.

3. **DIENSTAG**
   Man bedenkt nicht immer, dass ein kühn
   Unternommenes in der Ausführung gleichfalls
   Kühnheit erfordert, weil bei dem Ungemeinen
   durch gemeine Mittel nicht wohl auszulangen
   sein möchte.

4. **MITTWOCH**
   Die Künste sind das Salz der Erde; wie dieses
   zu den Speisen, so verhalten sich jene zu der
   Technik.

5. **DONNERSTAG**
   Den Mädgen ist ein Kuss, was uns ein Glas voll
   Wein …

6. **FREITAG**
   … unvollständige Menschen … Es sind
   diejenigen, deren Sehnsucht und Streben mit
   ihrem Tun und Leisten nicht proportioniert ist.

7. **SAMSTAG**
   Wer lebenslang dir wohl getan,
   Verletzung rechne dem nicht an.

AUGUST

8. SONNTAG
Willst du wirksam sein,
Bediene dich deiner Kraft
Jung in Gesellschaft,
Alt allein.

9. MONTAG
Leben und leben lassen! Ziehen und ziehen lassen, das sind ja wohl ein paar Hauptmaximen, wovon aber keine recht diplomatisch ist.

10. DIENSTAG
Die Blumen haben mir wieder gar schöne Eigenschaften zu bemerken gegeben, bald wird es mir gar hell und licht über alles Lebendige.

11. MITTWOCH
Es gibt keine Lage, die man nicht veredeln könnte durch Leisten oder Dulden.

12. DONNERSTAG
Denn gewisse Dinge sind es, die man von andern lernen und annehmen muss.

13. FREITAG
Die Herren blendt gar oft zu vieles Licht,
Sie sehn den Wald vor lauter Bäumen nicht.

14. SAMSTAG
Ein Liebchen ist der Zeitvertreib, auf den ich jetzt mich spitze,
Sie hat einen gar so schlanken Leib und trägt eine Stachelmütze.

AUGUST

15. SONNTAG | MARIÄ HIMMELFAHRT
Jedem redlichen Bemühn
Sei Beharrlichkeit verliehn.

16. MONTAG
Unglückselige Frösche, die ihr Venedig
  bewohnet!
Springt ihr zum Wasser heraus, springt ihr auf
  hartes Gestein.

17. DIENSTAG
Was doch die größte Gesellschaft beut?
Es ist die Mittelmäßigkeit.

18. MITTWOCH
Erfüllte Pflicht empfindet sich immer noch als
Schuld, weil man sich nie ganz genug getan.

19. DONNERSTAG
Einer neuen Wahrheit ist nichts schädlicher als
ein alter Irrtum.

20. FREITAG
Es ist besser, das geringste Ding von der Welt
zu tun, als eine halbe Stunde für gering halten.

21. SAMSTAG
Liebe sei vor allen Dingen
Unser Thema, wenn wir singen,
Kann sie gar das Lied durchdringen,
Wirds um desto besser klingen.

AUGUST

22. SONNTAG
Die Liebe herrscht nicht, aber sie bildet, und das ist mehr.

23. MONTAG
Gerne hätt ich fortgeschrieben,
Aber es ist liegen blieben.

24. DIENSTAG
Die Literatur verdirbt sich nur in dem Maße, als die Menschen verdorbener werden.

25. MITTWOCH | 277. GEBURTSTAG HERDERS
Wir kommen selten in den Fall, so ganz nach Herz und Sinn zu loben …

26. DONNERSTAG
Und Lust und Liebe sind die Fittiche
Zu großen Taten.

27. FREITAG
Das klügste Mädchen macht den dümmsten Streich.

28. SAMSTAG | 272. GEBURTSTAG GOETHES
Man lässt sich seine Mängel vorhalten, man lässt sich strafen, man leidet manches um ihrer Willen mit Geduld; aber ungeduldig wird man, wenn man sie ablegen soll.

AUGUST

29. SONNTAG
Ein Märchen hat seine Wahrheit und muss sie haben, sonst wäre es kein Märchen.

30. MONTAG
Alles Massenhafte macht einen eignen Eindruck, zugleich als erhaben und fasslich ...

31. DIENSTAG
Ich höre das ganze Jahr jedermann anders reden, als ich's meine; warum sollt ich denn auch nicht einmal sagen, wie ich gesinnt bin?

SEPTEMBER

1. **MITTWOCH**
   Aber eben daran erkennt man den Meister,
   dass er zu höheren Zwecken mit Vorsatz einen
   Fehler begeht.

2. **DONNERSTAG**
   Es kommt oft nur darauf an, dass die Menschen
   sich durch einen Dritten begreifen lernen.

3. **FREITAG | 264. GEBURTSTAG CARL AUGUSTS**
   Das ganze Leben besteht aus Wollen und
   Nicht-Vollbringen, Vollbringen und Nicht-
   Wollen.

4. **SAMSTAG**
   Von kalten Weisen rings umgeben
   Sing ich, was heiße Liebe sei;
   Ich sing vom süßen Saft der Reben,
   Und Wasser trink ich oft dabei.

SEPTEMBER

5. SONNTAG | 287. GEBURTSTAG WIELANDS
Nun aber ist es eine alte schriftstellerische Wahrheit: Uns gefällt, was wir schreiben, wir würden es ja sonst nicht geschrieben haben.

6. MONTAG
Wie ernst das Leben auch gebare,
Des Menschen Glück, es ist ein eitler Traum.

7. DIENSTAG
Halte dich nur im Stillen rein
Und lass es um dich wettern;
Je mehr du fühlst, ein Mensch zu sein,
Desto ähnlicher bist du den Göttern.

8. MITTWOCH
Das gemeine Menschenschicksal, an welchem wir alle zu tragen haben, muss denjenigen am schwersten aufliegen, deren Geisteskräfte sich früher und breiter entwickeln.

9. DONNERSTAG
Eingebildete Gleichheit: das erste Mittel, die Ungleichheit zu zeigen.

10. FREITAG
Befiehl und diene
Dien und befehle.
Gegen jeden Tag
Muss man sich brüsten.

11. SAMSTAG
Ich finde immer mehr, dass man es mit der Minorität, die stets die gescheiterte ist, halten muss.

SEPTEMBER

12. SONNTAG
Wer hätte mit mir Geduld haben sollen, wenn ich's nicht gehabt hätte?

13. MONTAG
Ach, wenn du da bist,
Fühl ich, ich soll dich nicht lieben,
Ach, wenn du fern bist,
Fühl ich, ich lieb dich so sehr.

14. DIENSTAG
Wer sich behaglich mitzuteilen weiß,
Den wird des Volkes Laune nicht erbittern;
Er wünscht sich einen großen Kreis,
Um ihn gewisser zu erschüttern.

15. MITTWOCH
Göttlicher Morpheus, umsonst bewegst du die lieblichen Mohne,
Bleibt das Auge doch wach, wenn mir es Amor nicht schließt.

16. DONNERSTAG
Trinke Mut des reinen Lebens!
Dann verstehst du die Belehrung …

17. FREITAG
Nachgiebigkeit macht immer alle Mühe und Arbeit halb verloren.

18. SAMSTAG
Die Natur spricht nicht aus, was ihr selbst unbequem wäre; desto schlimmer, wenn sie einem Theoretiker unbequem wird.

SEPTEMBER

19. SONNTAG
Du Narr! Begünstige die Pfuscherei,
So bist du überall zu Hause.

20. MONTAG
Was uns gefällt und scheinet fein,
Muss erst mit Müh erworben sein.

21. DIENSTAG
Was hieße wohl die Natur ergründen?
Gott ebenso außen als innen zu finden.

22. MITTWOCH
Jede direkte Opposition wird zuletzt platt und grob.

23. DONNERSTAG
Wir sind naturforschend Pantheisten, dichtend Polytheisten, sittlich Monotheisten.

24. FREITAG
Die Leute wollen immer, ich soll auch Partei nehmen; nun gut, ich steh auf meiner Seite.

25. SAMSTAG
Wer Pech knetet, klebt seine eigenen Hände zusammen.

SEPTEMBER

26. SONNTAG
Ich bin so sehr geplagt
Und weiß nicht, was sie wollen,
Dass man die Menge fragt,
Was einer hätte tun sollen.

27. MONTAG
Die Gewalt einer Sprache ist nicht, dass sie das Fremde abweist, sondern dass sie es verschlingt.

28. DIENSTAG
Die Kunst soll das Penible nicht vorstellen.

29. MITTWOCH
Philosophieren in der Gesellschaft heißt, sich über unauflösliche Probleme lebhaft unterhalten.

30. DONNERSTAG
Die Poesie ist doch wirklich eine Klapperschlange, in deren Rachen man sich mit widerwilligem Willen stürzt.

OKTOBER

1. FREITAG
   Das Wasser rauscht, das Wasser schwoll,
   Ein Fischer saß daran,
   Sah nach dem Angel ruhevoll,
   Kühl bis ans Herz hinan.

2. SAMSTAG
   Früchte bringet das Leben dem Mann; doch hangen sie selten
   Rot und lustig am Zweig, wie uns ein Apfel begrüßt.

OKTOBER

3. SONNTAG | TAG DER DEUTSCHEN EINHEIT
Des Menschen Seele
Gleicht dem Wasser:
Vom Himmel kommt es,
Zum Himmel steigt es,
Und wieder nieder
Zur Erde muss es,
Ewig wechselnd.

4. MONTAG
Der beste Diener ist der größte Schelm.

5. DIENSTAG
Man will Wahrheit, man will Wirklichkeit und verdirbt dadurch die Poesie.

6. MITTWOCH
Ich kann das Predigen nicht vertragen; ich glaube, ich habe in meiner Jugend mich daran übergessen.

7. DONNERSTAG
Schädlicher als Beispiele sind dem Genius Prinzipien.

8. FREITAG
Proselyten zu machen, ist der natürlichste Wunsch eines jeden Menschen …

9. SAMSTAG
Je älter man wird, je weniger wird es uns möglich, in Gesellschaft ans Publikum zu reden.

OKTOBER

10. SONNTAG
Sie peitschen den Quark, ob nicht etwa Creme
daraus werden sollte.

11. MONTAG
Wenn die Reben wieder blühen,
Rühret sich der Wein im Fasse.

12. DIENSTAG
Seele des Menschen,
Wie gleichst du dem Wasser!
Schicksal des Menschen,
Wie gleichst du dem Wind.

13. MITTWOCH
Ein jeder sucht im Arm des Freundes Ruh,
Dort kann die Brust in Klagen sich ergießen;
Allein ein Schwur drückt mir die Lippen zu,
Und nur ein Gott vermag sie aufzuschließen.

14. DONNERSTAG
Vieles reicht ich meinen Lieben,
Weniges ist mir geblieben.

15. FREITAG
Dein Geist wird dich leiten, in jedem
Augenblick das Rechte zu wirken.

16. SAMSTAG
Wie magst du deine Rednerei
Nur gleich so hitzig übertreiben?

OKTOBER

17. SONNTAG
Übrigens ist der Regen keines Menschen Freund, aber wohl der Tiere; denn Gras wächst schön, und die Biertrinker haben sich auch zu beklagen, dass die Gerste nicht gerät.

18. MONTAG
Doch ist es immer besser, man reist in der Jugend, wo man die Dinge einzeln genießt und oft über ihren Wert schätzt.

19. DIENSTAG
Ich ging im Felde
So für mich hin,
Und nichts zu suchen,
Das war mein Sinn.

20. MITTWOCH
Ich ging im Walde
So vor mich hin;
Ich war so heiter,
Wollte immer weiter –
Das war mein Sinn.

21. DONNERSTAG
Das reizt nicht mehr, und was nicht reizt, ist tot.

22. FREITAG
Der Rettende fasst an und klügelt nicht.

23. SAMSTAG
Alles, was Resultat ist, zieht sich ins Enge zusammen.

OKTOBER

24. SONNTAG | 282. GEBURTSTAG ANNA AMALIAS
Eine Rohheit kann nur durch eine andere ausgetrieben werden, die noch gewaltiger ist.

25. MONTAG
Das ist doch wohl der rechte Roman,
Der selbst Romane spielt.

26. DIENSTAG
Aber Rosen winde genug zum häuslichen Kranze,
Bald als Lilie schlingt schillernde Locke sich durch.

27. MITTWOCH
Unmöglich scheint immer die Rose,
Unbegreiflich die Nachtigall.

28. DONNERSTAG
Guten Ruf musst du dir machen,
Unterscheiden wohl die Sachen;
Wer was weiter will, verdirbt.

29. FREITAG
Was an euch ist, Ruhe zu erhalten, Leute, das tut …

30. SAMSTAG
Sinn und Verstand verlier ich schier,
Seh ich den Junker Satan wieder hier!

31. SONNTAG | REFORMATIONSTAG

Dem Schicksal ist es, nicht den Göttern,
Zu schenken das Leben und zu nehmen.

NOVEMBER

1. **MONTAG | ALLERHEILIGEN**
   Bringst du die Natur heran,
   Dass sie jeder nutzen kann,
   Falsches hast du nicht ersonnen,
   Hast der Menschen Gunst gewonnen.

2. **DIENSTAG | ALLERSEELEN**
   Das Wunder ist des Augenblicks Geschöpf.

3. **MITTWOCH**
   Wir streben nach dem Absoluten,
   als nach dem allerhöchsten Guten.

4. **DONNERSTAG**
   Was der für Käufer haben sollte,
   Der Ware gratis geben wollte!

5. **FREITAG**
   Eine Schwelle hieß ins Leben
   Uns verschiedne Wege gehen;
   War es doch zu edlem Streben,
   Drum auf frohes Wiedersehn!

6. **SAMSTAG**
   Lass regnen, wenn es regnen will,
   Dem Wetter seinen Lauf;
   Denn wenn es nicht mehr regnen will,
   So hört's von selber auf.

NOVEMBER

7. SONNTAG
Ich habe die Tage
Der Freiheit gekannt,
Ich hab sie die Tage
Der Leiden genannt.

8. MONTAG
Hat mich nicht zum Manne geschmiedet
Die allmächtige Zeit
Und das ewige Schicksal,
Meine Herrn und deine?

9. DIENSTAG
Du glaubst zu schieben, und du wirst geschoben.

10. MITTWOCH | 262. GEBURTSTAG SCHILLERS
Zum Leben braucht's nicht just, dass man so tapfer ist.
Man kommt auch durch die Welt mit Schleichen und mit List.

11. DONNERSTAG | MARTINSTAG
Wenn ein Gewölbe sich dem Schlussstein anvertraut,
Dann ist's mit Sicherheit für ewige Zeit erbaut.

12. FREITAG
Was bedeutend schmückt,
Es ist durchaus gefährlich.

13. SAMSTAG
Herrscht doch über Blut und Gut
Dieser Schönheit Übermut.

NOVEMBER

14. SONNTAG | VOLKSTRAUERTAG
Schwache passen an keinen Platz in der Welt,
sie müssten denn Spitzbuben sein.

15. MONTAG
Wer schweigt, hat wenig zu sorgen,
Der Mensch bleibt unter der Zunge verborgen.

16. DIENSTAG
Die Knoten vieler Worte löst das Schwert
Gar leicht und schnell …

17. MITTWOCH | BUSS- UND BETTAG
Wenn ich an meinen Tod denke, darf ich, kann ich nicht denken, welche Organisation zerstört wird.

18. DONNERSTAG
Sehen wir unsre Literatur über ein halbes Jahrhundert zurück, so finden wir, dass nichts um der Fremden willen geschehen ist.

19. FREITAG
Auch kann eine Seele auf die andere durch bloße stille Gegenwart entschieden einwirken
…

20. SAMSTAG
So hoch die Nase reicht, da mags wohl gehen;
Was aber drüber ist, können sie nicht sehn.

NOVEMBER

21. SONNTAG
Kein Wesen kann zu nichts zerfallen!
Das Ewge regt sich fort in allen,
Am Sein erhalte dich beglückt!

22. MONTAG
Das Sein ist ewig: Denn Gesetze
Bewahren die lebendigen Schätze,
Aus welchen sich das All geschmückt.

23. DIENSTAG
Wenn Selbstgefühl sich in Verachtung andrer, auch der Geringsten, auslässt, muss es widrig auffallen.

24. MITTWOCH
Der Sieger, wie er prangt, preist den gewogenen Gott,
Und alles stimmt mit ein …

25. DONNERSTAG
Der sinnliche Mensch lacht oft, wo nichts zu lachen ist. Was ihn auch anregt, sein inneres Behagen kommt zum Vorschein.

26. FREITAG
Alle Sorgen
Nur auf morgen!
Sorgen sind für morgen gut.

27. SAMSTAG
Mit Euch, Herr Doktor, zu spazieren,
Ist ehrenvoll und ist Gewinn …

NOVEMBER

28. SONNTAG | 1. ADVENT
Ich fühle nach und nach ein allgemeines
Zutrauen und gebe Gott, dass ich's verdienen
möge …

29. MONTAG
Zu strenge Fordrung ist verborgener Stolz.

30. DIENSTAG
Das Leben lehrt uns, weniger mit uns
Und andern strenge sein.

DEZEMBER

1. MITTWOCH
   Jeder sucht und wünscht, wozu ihm Schnabel oder Schnauze gewachsen ist.

2. DONNERSTAG
   Ich verwünsche das Tägliche, weil es immer absurd ist.

3. FREITAG
   Man soll sich vor einem Talente hüten, das man in Vollkommenheit auszuüben nicht Hoffnung hat.

4. SAMSTAG
   Seltne Taten werden durch Jahrhunderte nachahmend zum Gesetz geheiligt.

DEZEMBER

5. SONNTAG | 2. ADVENT
Hier winden sich Kronen
In ewiger Stille,
Die sollen mit Fülle
Die Tätigen lohnen!
Wir heißen euch hoffen.

6. MONTAG
Sollt ich aus der Ferne schauen?
Nein, ich teile Sorg und Not!

7. DIENSTAG
Es ist gar hübsch von einem großen Herrn,
So menschlich mit dem Teufel selbst zu sprechen.

8. MITTWOCH
Eine Ableitung unserer Leidenschaften und Neigungen ist der Umgang mit Tieren gewiss.

9. DONNERSTAG
Es gäbe gemauerte Torheiten, flüssige Torheiten und unscheinbare Torheiten; Erstere fielen am meisten ins Auge.

10. FREITAG
Wie magst du ruhig fort erfahren,
Dass sie dich schelten.
Ich rede zu! In funfzig Jahren
Wird es schon gelten.

11. SAMSTAG
Du hast so vielen schon den Hals gebrochen
Und keiner hat so viel für dich getan.

DEZEMBER

12. SONNTAG | 3. ADVENT
Vor Werthers Leiden,
Mehr noch vor seinen Freuden
Bewahr uns, lieber Herr Gott.

13. MONTAG
So ist's mit aller Bildung auch beschaffen;
Vergebens werden ungebundne Geister
Nach der Vollendung reiner Höhe streben.

14. DIENSTAG
Eigener Fehler erhält Demut und billigen Sinn.

15. MITTWOCH
Mit nachgeahmten hohen Schmerzen
Durchbohr ich spielend jede Brust,
Und euren tief bewegten Herzen
Sind Tränen Freude, Schmerzen Lust.

16. DONNERSTAG
Beglückt, wer Treue rein im Busen trägt,
Kein Opfer wird ihn je gereuen!

17. FREITAG
So lang man trinken kann, lässt sich's noch glücklich sein.

18. SAMSTAG | 218. TODESTAG HERDERS
Jede Tugend übt Gewalt aus, wie auch jede Idee, die in die Welt tritt, anfangs tyrannisch wirkt.

DEZEMBER

19. SONNTAG | 4. ADVENT
Zum Tun gehört Talent, zum Wohltun
Vermögen.

20. MONTAG
Wer ein Übel los sein will, der weiß immer,
was er will …

21. DIENSTAG
Ja sogar über unser Dasein hinaus sind
wir fähig, zu erhalten und zu sichern; wir
überliefern Kenntnisse, wir übertragen
Gesinnungen so gut als Besitz …

22. MITTWOCH
Wer überwindet, der gewinnt.

23. DONNERSTAG
Es ist gut, dass man von Zeit zu Zeit aus seinen
Umgebungen zu scheiden und aufzuräumen
genötigt wird, daher entstehen so die
Zwischentestamente unserer Laufbahn.

24. FREITAG | HEILIGABEND
Die Sterne, die begehrt man nicht,
Man freut sich ihrer Pracht,
Und mit Entzücken blickt man auf
In jeder heitren Nacht.

25. SAMSTAG | 1. WEIHNACHTSTAG
Und alles Drängen, alles Ringen
Ist ewige Ruh in Gott dem Herrn.

DEZEMBER

26. SONNTAG | 2. WEIHNACHTSTAG
Zum Drehen und Walzen und lustigen Hopp
Erkieset sich jeder ein Schätzchen.

27. MONTAG
Sollen wir freudig horchen und willig
   gehorchen,
So musst du schmeicheln.

28. DIENSTAG
Sterne werden immer scheinen,
Allgemein auch zum Gemeinen,
Aber gegen Maß und Kunst
Richten sie die schönste Gunst.

29. MITTWOCH
Denn wer den Schatz, das Schöne, heben will,
Bedarf der höchsten Kunst: Magie der Weisen.

30. DONNERSTAG
Das Schweigen ist so schön, dass ich wünschte,
es Jahre lang halten zu dürfen.

31. FREITAG | SILVESTER
Im neuen Jahre Glück und Heil,
Auf Weh und Wunden gute Salbe!
Auf groben Klotz ein grober Keil!
Auf einen Schelmen anderthalbe!

BILDQUELLENNACHWEIS

Klassik Stiftung Weimar: S. 6, 7, 9, 11,13, 21, 24, 27, 29, 37, 39, 46, 47, 49, 53, 55, 56, 59, 60, 64, 66, 77

akg-images: S. 19 (akg-images / Rabatti & Domingie), 72, Coverabbildung Europakarte

Shutterstock: Coverabbildung Goethe (marako85/Shutterstock.com)

TEXTQUELLENNACHWEIS

Januar: 6,479; 9,633; 3,397; 3,444f.; 5,144; 9,616; 20,711; 5,161; 22,650; 6,280; 3,594; 6,25; 22,457; 22,802; 6,79; 1,447; 13,287; 23,365; 42,116; 8,285; 42,118; 5,213; 5,304; 4,23; 5,438; 6,457; 12,53; 42,119; 19,19; 9,511; 1,437
Februar: 9,512; 10,500; 22,701; 9,512; 10,823; 9,554; 9,522; 1,128; 5,496; 7,604; 9,534; 6,333; 9,549; 6,855; 1,669; 9,557; 21,531; 9,559; 9,569; 6,559; 7,533; 1,558; 9,580; 13,151; 9,531; 9,653; 9,584; 1,610; 6,248
März: 5,575; 5,221; 9,638; 18,367; 5,503; 1,451; 5,372; 9,174; 5,500; 1,541; 12,634f.; 3,338; 5,226; 9,94; 5,248; 8,285; 5,505; 6,242; 6,155; 2,544; 18,721; 21,69; 5,471; 7,277; 9,607; 20,602; 5,529; 9,618; 1,648; 3,321; 24,743
April: 24,130; 21,706; ErgBd. 2,108; 5,166; 5,167; 2,397; 2,521; 18,759; 1,569; 10,768; 3,504; 18,122; 23,337; 12,456; 6,206; 7,596; 19,689; 23,347f.; 5,356; 6,292; 5,545; 9,664; 1,182; 2,384; 6,48; 4,792; 8,337; 9,117; 6,250
Mai: 2,407; 1,146; 19,66; 22,868; 9,56; 21,95; 1,549; 23,215; 7,40; 11,676; 20,666f.; 1,462; 16,846; 23,739; 3,297; 3,623; 1,191; 22,467; 9,558; 6,265; 2,558; 13,410; 13,287; 9,530; 1,419; 3,413; 4,263; 2,290; 7,259; 1,262; 9,614
Juni: 9,646; 5,164; 5,292; 1,439; 21,741; 5,505; 23,50; 9,645; 1,420; 23,481; 9,566; 9,566; 7,227; 1,498; 9,567; 9,563; 9,572; 18,698; 21,919f.; 9,575; 9,603; 9,570; 1,125; 1,126; 8,282; 8,130; 9,615; 1,346; 3,103; 1,372

Juli: 1,258; 1,259; 9,615; 9,617; 19,689; 24,654; 7,533; 5,299; 9,617; 9,618; 1,260; 9,620; 9,644; 1,397; 9,652; 21,71; 6,321; 9,75; 6,202; 8,45; 9,659; 1,404; 1,420; 1,426; 1,152; 6,54; 5,155; 8,107; 1,423; 1,425; 1,436
August: 1,89; 9,532; 11,729; 8,263; 4,73; 9,559; 2,396; 2,188; 19,552; 18,935; 9,613; 19,58; 2,185; 2,190; 2,389; 2,179; 2,411; 9,566; 9,595; 9,601; 3,292; 9,399; 1,209; 9,630; 21,736; 6,167; 6,1020; 9,162; 18,120; 11,611; 9,615
September: 13,856; 18,755; 9,618; 2,201; 9,559; 2,101; 1,646; 10,697; 9,622; 2,188; 23,532; 9,620; 2,233; 5,144; 1,239; 1,126; 19,325; 16,579; 2,385; 2,389; 2,186; 23,481; 9,608; 23,761; 20,685; 2,412; 9,625; 9,640; 11,734; 21,397
Oktober: 1,116; 1,259; 1,306; 2,561; 24,195; 9,605; 13,18; 10,92; 19,691; 9,506; 1,43; 1,307; 1,343; 1,357; 6,886f.; 5,195; 21,398; 19,360; 1,493; 1,493; 6,243; 6,371; 13,282; 24,258; 1,701; 1,207; 3,346; 3,341; 6,36; 5,219; 4,191
November: 1,528; 1,555; 1,558; 1,575; 2,149; 2,164; 2,186; 1,321; 5,271; 4,85; 5,488; 6,351; 5,437; 4,562; 3,338; 6,279; 9,627; 9,603; 24,655; 1,633; 1,514; 1,514; 18,924; 5,486; 9,162; 6,918; 5,172; ErgBd. 2,103; 6,196; 6,196
Dezember: 21,35; 9,618; 7,591; 6,143; 1,501; 5,454; 5,152; 9,409; 23,56; 2,187; 2,189; 2,164; 2,141; 2,132; 3,683; 5,194; 4,93; 22,437; 9,612; 9,23; 8,159; 5,230; 21,385; 1,63; 1,668; 1,124; 1,112; 2,147; 5,341; 18,412; 1,417

Die Goethetexte dieses Almanachs werden unter Angabe von Band- und Seitenzahl nach der Gedenkausgabe der Werke, Briefe und Gespräche zitiert, herausgegeben von Ernst Beutler, Zürich und Stuttgart, Artemis Verlag 1950 bis 1971.
Alle zitierten Texte wurden zugunsten der besseren Lesbarkeit vorsichtig an moderne Schreibweisen angepasst.

INHALT

GOETHES REISEN DURCH EUROPA	5
Europa von 1789 bis 1815 – von der Französischen Revolution bis zum Wiener Kongress	5
Goethes Reisen von 1775 bis 1823 – Bildung, Forschung, Kuraufenthalte	7
Die Reisen in die Schweiz 1775, 1779 und 1797 – vom Sturm-und-Drang-Dichter zum Minister und Mentor	22
Die Reise nach Preußen 1778 – »Je größer die Welt, desto garstiger wird die Farce«	40
Aufenthalte in Böhmen 1785 bis 1823 – Kur in bunter Gesellschaft	43
Die erste Italienreise von 1786 bis 1788 – Aufbau der Kunstsammlungen	48
Die zweite Italienreise 1790 – Begleitung von Anna Amalia von Venedig zurück nach Weimar	59
Die Reise nach Schlesien 1790 – auf der Suche nach Anregungen für den Ilmenauer Bergbau	64
Kriegserlebnisse in Frankreich 1792	68
KALENDARIUM	78
BILDQUELLENNACHWEIS	142
TEXTQUELLENNACHWEIS	142